Fe Viviente
Viviendo la Fe

Covenant Publications

CHICAGO • ILLINOIS

FE VIVIENTE
VIVIENDO LA FE

Reflexiones sobre las Afirmaciones del Pacto

por la Facultad
del Seminario
Teológico de North Park

Editado por James K. Bruckner,
Michelle A. Clifton-Soderstrom, *y* Paul E. Koptak

Covenant Publications
8303 West Higgins Road, Chicago, IL 60631

Originally published in the USA under the title:
Living Faith: Reflections on Covenant Affirmations
Copyright © 2010 Covenant Publications

Edición en español 2021
Título: *Fe Viviente, Viviendo la Fe: Reflexiones sobre las Afirmaciones del Pacto*
Copyright © 2021 Covenant Publications
Traducción: Julio Isaza
Revisión y edición: Miguel Ortega y Tomás Kelly

Segunda edición en español 2025
Copyright © 2025 Covenant Publications
Segunda revisión y edición: Pia Pena Restrepo

25 26 27 28 29 30 31 32 33 34 35   7 6 5 4 3 2 1

ISBN 978-1-7335197-1-7

Texto bíblico tomado de la Santa Biblia Nueva Versión Internacional
Copyright © 1999 por la Sociedad Bíblica Internacional

Esta obra se terminó de imprimir en el año 2022
Publicada por Comunicaciones del Pacto, A.C.
Antiguo Camino a Diligencias No. 454, Ayuhualco
C.P. 14091, Ciudad de México, México.
Se imprimieron 1000 ejemplares más sobrantes para reposición.

UN HOMBRE AL SERVICIO DEL SEÑOR

"Bienaventurados sean los que mueren en el Señor."...
"Sí, porque así descansarán de sus trabajos, pues sus obras los acompañan" (Apocalipsis 14:13b).

Fe Viviente, Viviendo la Fe, es el último libro que el misionero Tomás Kelly, tradujo al español. Él creía que sería de gran ayuda a las iglesias del Pacto de habla hispana. No pudo ver coronado su anhelo porque el Señor lo llamó a su presencia. Tom entregó su vida traduciendo y promoviendo valiosa literatura del Pacto de gran ayuda a pastores y líderes de las iglesias del Pacto. Agradecemos a Dios por la vida de Tomás y su esposa Juanita por su amor al Señor y su entrega apasionada a las iglesias hispanas.

MIGUEL ORTEGA
Editor de Hoy con Dios, colega y amigo

Este volumen existe gracias a Thomas Eric Kelly (1951–2024). Aunque el texto original de *Fe Viviente, Viviendo la Fe: Reflexiones sobre las Afirmaciones del Pacto* fue publicado en 2010 como un proyecto del cuerpo docente de North Park Theological Seminary, la realización de su traducción al español se debe a la perseverancia y pasión de Tomás Kelly, pastor, misionero e historiador del Pacto. Su dedicación inquebrantable, combinada con su habilidad lingüística, hizo posible la culminación de este proyecto a pesar de múltiples transiciones de liderazgo y personal. Así, esta publicación es un testimonio de sus décadas de servicio a la Iglesia del Pacto tanto en Estados Unidos como en América Latina, promoviendo el conocimiento, la apreciación y la administración de su historia en ambos contextos.

Criado en Ecuador desde los tres meses de edad por padres misioneros, Tomás Kelly obtuvo títulos en historia (1968), estudios latinoamericanos (1974) y teología (1978) antes de ser ordenado en la Iglesia Evangélica del Pacto en 1979. Fue el fundador y plantador de la Iglesia del Pacto Evangélico de Albany Park en Chicago, donde pastoreó una congregación latina multinacional hasta 1982, cuando inició un ministerio de treinta y cinco años en México.

Su amor por el idioma español, por la historia y por el Pacto se reflejó en su labor con Comunicaciones del Pacto de México, donde tradujo y escribió numerosos recursos, incluyendo la guía devocional *Hoy con Dios*. Incluso en su jubilación, su pasión por la historia del Pacto continuó a través de su liderazgo en la Comisión de Historia del Pacto, donde, como presidente, trabajó incansablemente para preservar y transmitir la historia que tanto valoraba.

La Comisión de Historia del Pacto dedica este volumen a Tomás con profunda gratitud. Es un tributo apropiado a su medio siglo de dedicación a forjar una identidad del Pacto con raíces históricas sólidas a ambos lados de la frontera entre Estados Unidos y México, y en las ricas tierras fronterizas que los unen.

HAUNA ONDREY
Cátedra Wilma E. Peterson de Historia de la Iglesia
Seminario Teológico de North Park

Contenido

Contenido

Prólogo

Las afirmaciones de la Iglesia del Pacto, la descripción clara y concisa de sus raíces teológicas y convicciones, son esenciales y de importancia única en la articulación, nutrición y transmisión de la identidad central de la Iglesia del Pacto. Dado el floreciente crecimiento de la iglesia, es oportuno añadir a nuestra colección de recursos uno más que nos puede ayudar a entender y aplicar estos principios formativos.

Este volumen es un comentario elaborado sobre las afirmaciones del Pacto, realizado por la facultad del Seminario Teológico de North Park. Es un hecho que estos eruditos aman la iglesia y están comprometidos con su misión, lo cual significa que este trabajo no es un mero ejercicio intelectual. La intención final es sacar lo mejor de nosotros, y así poder enfrentar la realidad de lo que significa morir a lo que somos, para vivir con nuestro corazón genuinamente entregado a Dios. En el Pacto, queremos que nuestro enfoque esté en las verdades claras e inagotables de la nueva vida en Cristo, en torno a las cuales nos reunimos, y no en la periferia donde la gente tiende a crear divisiones.

Mi expectativa en cuanto a este libro lo dice su título: *Fe Viviente, Viviendo la Fe*. Este título con su doble significado nos anima a tener también un ritmo doble en cuanto a estar vivos en Cristo. Cuando entendemos "viviente" como un adjetivo, estamos llamados a ir más allá de un reconocimiento intelectual basado en un conjunto de proposiciones teológicas, es un llamado a un compromiso serio y real de vivir con Dios. Cuando entendemos "viviendo" como un verbo, estamos llamados a poner en práctica lo que creemos mientras vivimos para Dios. Viviendo con Dios y para Dios es el ritmo humilde y sencillo de la herencia que ha sido transmitida de generación en generación la Iglesia del Pacto Evangélico.

Aunque la Iglesia del Pacto vivía estas afirmaciones como parte de su realidad, desde su establecimiento en 1885, en realidad fue en 1976 cuando por primera vez el Comité sobre la Doctrina del Pacto las estructuró en forma sistemática; posteriormente fueron actualizadas en 2005. En ese entonces el presidente Milton Engebretson comentó: "La Iglesia del Pacto, en la actualidad, está viendo el gozo del crecimiento.... creemos que esto es algo muy bueno, y también creemos que cada persona tiene derecho a conocer de primera mano las creencias básicas sustentadas por la denominación a la que él o ella pertenece". Esta convicción no es menos cierta con respecto al mosaico que conforma la Iglesia del Pacto, la cual está creciendo de manera rápida en la actualidad.

Toda la iglesia extiende su gratitud a cada uno de los que han jugado tan importante papel en este proyecto: la coordinadora del proyecto Mary Miller; los escritores de la facultad del seminario de North Park, cuyo trabajo se refleja en estas páginas; los editores generales Michelle Clifton-Soderstrom, Paul Koptak, y Jim Bruckner, los cuales trabajaron incansablemente para dar forma a este volumen; Donn Engebretson, quien coordinó las respuestas de un excelente equipo representativo de lectores; y Jane Swanson-Nystrom por su siempre impecable capacidad editorial. Una nota especial de agradecimiento a la Fundación Lilly (Lilly Endowment), la cual apoyó y financió este proyecto.

GARY WALTER
Presidente de La Iglesia del Pacto Evangélico (2008-2018)

Prefacio

¿Qué cree la Iglesia del Pacto Evangélico? Tanto a los pastores como a los miembros de la iglesia se les hace la misma pregunta, y por lo general su respuesta hace referencia a un conjunto de afirmaciones comunes que fueron escritas en 1976 y revisadas en el 2005. Aunque estas afirmaciones no fueron diseñadas con el propósito de definir posturas doctrinales, sí resumen una larga historia de estudio bíblico y discernimiento teológico, revelando así el espíritu de nuestra vida en común. Además, nos demuestran la forma en que los pactistas* se han unido para discernir la voluntad de Dios y cumplir su llamamiento como servidores del reino. La obra continúa hoy, y por eso la facultad del Seminario Teológico de North Park presenta esta recopilación de reflexiones para enriquecer a la iglesia con el conocimiento sobre todo lo que se refiere a la

---

*Nota del Editor. Dentro del contexto de este libro, "pactistas" se refiere a aquellos que pertenecen a la Iglesia del Pacto.

tradición que guía su vida y testimonio. Toda la facultad participó en la concepción, redacción y revisión de los capítulos, así que nos presentan una prueba en miniatura de lo que la Iglesia del Pacto ha estado haciendo a través de 125 años de su ministerio global.

La Iglesia del Pacto Evangélico es parte de la familia de iglesias con tradiciones cristianas que hacen énfasis en que la iglesia está constituida sólo por creyentes, y aunque nosotros no necesitamos adherirnos a doctrinas específicas para ser miembros de la iglesia, sí apreciamos y atesoramos la historia y la teología. En un intento por cultivar la reflexión teológica en la iglesia entera, identificamos seis afirmaciones que dan forma a nuestra ortodoxia (creencias acerca de Dios) y a nuestra ortopraxis (la fe vivida). Las afirmaciones son las directrices teológicas importantes para el Pacto. Son semejantes a la doctrina, ya que funcionan como una reflexión teológica sobre la Escritura, y las usamos para la enseñanza y la instrucción. Las afirmaciones también se extienden más allá de la doctrina ya que funcionan como creencias que afirmamos activamente y que de igual forma buscamos vivir. Por ejemplo, la primera afirmación—la centralidad de la Palabra de Dios—señala creencia en la autoridad de la Escritura. Además, la afirmación sobre la centralidad de la Palabra es importante porque significa que participamos en prácticas disciplinarias que apoyan nuestra creencia sobre la autoridad de la Escritura, tales como la de leer la Biblia juntos y con frecuencia. La afirmación de la iglesia como una comunidad de creyentes señala la creencia de que Dios reúne a la iglesia y que la iglesia es la comunión de aquellos que comparten una nueva vida en Cristo. La afirmación de la iglesia como una comunidad de creyentes quiere decir que nos ofrecemos amistad mutuamente, y estamos presentes con y para las personas en nuestras comunidades locales. Por eso, al utilizar el término "afirmación," la Iglesia del Pacto reconoce el valor de la reflexión teológica o la doctrina, y desarrolla la teología a prácticas procedentes que forman la vida en comunidad.

Este libro está diseñado de acuerdo con las seis afirmaciones de la Iglesia del Pacto Evangélico: La centralidad de la Palabra de Dios, La necesidad del nuevo nacimiento, Un compromiso con la misión integral de la Iglesia, La iglesia como una comunidad de creyentes, Una dependencia consciente del Espíritu Santo, La realidad de la libertad en Cristo. Cada capítulo contiene tres partes: una introducción histórica sobre la afirmación, la afirmación misma, y una reflexión teológica sobre dicha afirmación. Cada capítulo tiene como propósito inspirar a los lectores a embarcarse en la reflexión teológica a la luz de las afirmaciones mismas y de su contexto histórico.

En el proceso de leer cada capítulo, seguramente descubriremos que no están ordenados de acuerdo al tiempo en que fueron escritos, esto es debido a que cada capítulo representa una progresión teológica. Por ejemplo, la última afirmación (la realidad de la libertad en Cristo), no tendría sentido si no tenemos en cuenta la primera afirmación (la centralidad de la Palabra de Dios). Los editores animan a los lectores a tener en cuenta que las afirmaciones se cimientan una sobre otra, y reflejan que la vida cristiana y la teología emergen de un contexto.

Con esto en mente, empezamos el libro con un capítulo sobre nuestras afirmaciones cristianas comunes, afirmaciones que nos conectan con toda la iglesia cristiana. Estas cuatro afirmaciones comunes—que somos una iglesia apostólica, una iglesia católica (universal), una iglesia de la Reforma, y una iglesia evangélica—enmarcan las afirmaciones del Pacto. Estas cuatro afirmaciones cristianas comunes nos ofrecen el rico ambiente eclesial en el cual el Pacto ha sido formado y con el cual permanece profundamente conectado. Además, estas cuatro afirmaciones cristianas comunes, ofrecen puntos de contacto y referencia a aquellos que no están familiarizadas con el Pacto. Situar al Pacto dentro de la iglesia histórica es un aspecto clave sobre quiénes somos y sobre cómo entendemos nuestras seis distintivas afirmaciones.

Este proyecto fue apoyado por la Iniciativa *Hacer Conexiones* (en inglés, Making Connections Initiative, conocida también por sus siglas MCI) cuya subvención es patrocinada por la Fundación Lilly (Lilly Endowment, Inc.). La MCI fue diseñada para crear un contacto más cercano entre el seminario y las iglesias, pastores, grupos juveniles y estudiantes de la Universidad de North Park. MCI, en colaboración con el Departamento de Formación Cristiana, produjo la serie de videos y guías de estudio original "Explorando las Afirmaciones del Pacto". Expresamos nuestro especial agradecimiento a Mary Miller, directora de MCI; ella fue la primera en concebir la idea de este libro, convocó al comité editorial, y coordinó el grupo de lectores, representativo de toda la denominación, incluyendo líderes laicos, editores, ministros y administradores. Estamos agradecidos con los lectores por sus respuestas francas y alentadoras a los borradores iniciales; ellos nos ayudaron a dirigirnos con más claridad en los asuntos que le interesan a toda la Iglesia del Pacto. En particular, Jane Swanson-Nystrom quien proporcionó un extraordinario ojo editorial en las etapas finales; este libro se ha perfeccionado gracias a sus ideas. Además, fuimos grandemente apoyados por el atento trabajo de Deidre Robinson, los aportes de Don Meyer, y las preguntas para reflexión y discusión al final de cada capítulo escritas por Liz VerHage. Finalmente, deseamos agradecer a Gary Walter, presidente de la Iglesia del Pacto Evangélico, por su gran apoyo, manifestado de muchas formas, especialmente por el prólogo que escribió.

Nosotros, los miembros de la facultad del Seminario Teológico de North Park, deseamos dedicar esta obra a nuestro antiguo colega Michael Van Horn. Poco después de escribir su contribución en el capítulo tres sobre el bautismo y la vida nueva, Michael sufrió una enfermedad que lo incapacitó. Echamos de menos su presencia entre nosotros.

Como un miembro del cuerpo de Cristo, que es la iglesia, la facultad del seminario ofrece estas indagaciones de nuestro propio entendimiento teológico, con la expectativa de que puedan ser leídas por los que están pensando unirse a la Iglesia del Pacto, y por los que ya pertenecen a ella. Esperamos que estos escritos sean leídos y hablados, inclusive debatidos, en reuniones de grupos pequeños y en las clases de membresía. Y lo que es más importante, oramos para que estas afirmaciones nos lleven a una adoración, testimonio y servicio más fiel a Dios y a su iglesia.

JAMES K. BRUCKNER
Profesor de Antiguo Testamento
MICHELLE A. CLIFTON-SODERSTROM
Profesora asociada de teología y éticas
PAUL E. KOPTAK
Profesor Paul y Bernice Brandel de comunicación e interpretación bíblica

1

Afirmaciones
Cristianas Comunes

Los pactistas se unen en torno al tema del compañerismo. Este tema se repite a lo largo de todos los capítulos de este libro. La Iglesia del Pacto tiene sus raíces en los *Amigos de la Misión* y su compromiso por compartir el evangelio, cultivando las relaciones interpersonales. La naciente Iglesia del Pacto se mostraba indecisa con respecto a identificarse como una denominación porque somos un pueblo en comunión con la totalidad de la iglesia cristiana. Dios ha obrado a través de la Iglesia del Pacto como una comunidad de creyentes muy particular; pero estamos entrelazados con la obra salvífica más grande de Dios a lo largo de la historia. Entendiendo esto, no nos sorprende que las afirmaciones del Pacto empiecen haciendo énfasis en nuestras creencias e identidad eclesial a través del lente de toda la iglesia, y es aquí—con las afirmaciones que tenemos en común con la iglesia universal—como este volumen empieza.

Somos una iglesia *apostólica*. Confesamos a Jesucristo y la fe de los apóstoles tal como está registrada en las Santas Escrituras. Creemos que la autoridad de la Biblia es suprema en todos los asuntos de fe, doctrina y conducta, y podemos confiar en ella. *"¿Dónde está escrito?"* fue y es la piedra angular del Pacto en cualquier discusión relacionada con la fe y la práctica cristiana.

Somos una iglesia *católica*. La palabra *católica* literalmente significa *universal*. Y quiere decir que nos consideramos parte de la comunidad de creyentes que empezó con los primeros seguidores de Jesús, una comunidad que está viva, y seguirá así hasta que Cristo venga de nuevo.

Somos una iglesia *de la Reforma*. Nuestros cimientos tienen sus raíces en la corriente principal de un movimiento de renovación que tuvo lugar en la iglesia durante el siglo XVI llamado la Reforma Protestante. Uno de los puntos de especial importancia es la convicción de que somos salvos solamente por la gracia de Dios, sólo por medio de la fe, sin que tengamos que hacer algo para ser salvos. La Iglesia del Pacto también está moldeada por el pietismo, un movimiento de renovación que se originó en Europa durante el siglo XVII, cuyo énfasis principal fue la necesidad de tener una vida enlazada personalmente con Jesucristo, una dependencia del Espíritu Santo, y un llamado al servicio en el mundo.

Somos una iglesia *evangélica*. Una serie de despertares religiosos florecieron en Europa y en los Estados Unidos durante el siglo XIX, y proveyeron tierra fértil para el crecimiento inicial de la Iglesia del Pacto con una firme pasión misionera. Históricamente los evangélicos se han caracterizado por su afanosa insistencia en la autoridad bíblica, la necesidad absoluta del nuevo nacimiento, el mandato de Cristo de evangelizar al mundo, la necesidad continua de la educación y formación en un contexto cristiano, y la responsabilidad por hacer actos de benevolencia y avanzar la justicia social.

1

REFLEXIÓN TEOLÓGICA

El cristianismo es complejo. Las tres grandes divisiones de la iglesia—Ortodoxa, Católica Romana, y Protestante—son solamente el comienzo. Sólo dentro del protestantismo hay miles de denominaciones distintas; algunas tan conocidas como la Bautista del Sur, la Metodista Unida, y otras poco conocidas como la Bautista de Dos Semillas en el Espíritu Predestinataria.

Dentro de esta complejidad denominacional existen otras contracorrientes teológicas que enturbian las aguas aún más. Cada tradición, por ejemplo, tiene su propio perfil de iglesias "liberales" y "conservadoras." Aunque todos los cristianos comparten la misma Biblia, adoran al mismo Dios, y siguen al mismo Señor Jesucristo, sostienen diferentes puntos de vista con relación a la interpretación de la Biblia, el carácter de Dios, y lo que Dios hace. También sostienen diferentes interpretaciones sobre la misión, la adoración, el liderazgo, y el ministerio de la iglesia.

Además de corrientes teológicas contrarias, hay contracorrientes étnicas, culturales, y de género. El sector de la iglesia cristiana que está creciendo más rápido que cualquier otro se encuen-

4

tra al sur de la línea ecuatorial. La iglesia en América Latina, África y Asia está viviendo un crecimiento explosivo. La iglesia afroamericana en los Estados Unidos es una fuerza poderosa no solamente en su propia comunidad, sino también es cada vez más influyente en la iglesia a nivel nacional y la cultura general. En años recientes las iglesias formadas por los hijos de inmigrantes asiáticos han crecido en forma exponencial, especialmente dentro de la comunidad evangélica; las iglesias hispanas han crecido de manera explosiva tanto en tamaño como en número. Estas iglesias ofrecen a la iglesia anglosajona una nueva vitalidad, nueva visión en la misión y el ministerio, y nuevos puntos de vista sobre el mundo.

La Iglesia del Pacto Evangélico creció rápidamente durante la década de 1990 y principios de la década de 2000. Aunque todavía es una denominación relativamente pequeña, tiene una creciente oportunidad para producir impacto en la dividida y compleja iglesia y sociedad de los Estados Unidos. Las afirmaciones del Pacto dan forma a su identidad y misión, y proveen una herramienta para navegar en las peligrosas contracorrientes teológicas, sociales, y políticas que amenazan con destruir su misión.

La Iglesia del Pacto Evangélico no nació sin antecedentes. Las afirmaciones no existen sin precedentes. En las siguientes páginas estudiaremos estos antecedentes y precedentes. Cuatro enunciados serán la guía de este estudio:

- La Iglesia del Pacto Evangélico es una iglesia apostólica.
- La Iglesia del Pacto Evangélico es una iglesia católica.
- La Iglesia del Pacto Evangélico es una iglesia de la Reforma.
- La Iglesia del Pacto Evangélico es una iglesia evangélica.

Aunque como denominación, la Iglesia del Pacto Evangélico fue fundada en 1885, su historia e identidad son obra del Espíritu de Dios a lo largo de toda la historia de la iglesia, y, de hecho, de la historia de Israel, el pueblo de Dios.

UNA IGLESIA APOSTÓLICA

El Evangelio según Mateo, capítulo 28, versículos 19 y 20, narra que después de la muerte y resurrección de Jesús, él llamó a sus once discípulos restantes a Galilea. Y les dio las siguientes instrucciones: "Por tanto, vayan y hagan discípulos de todas las naciones, bautizándolos en el nombre del Padre y del Hijo y del Espíritu Santo, enseñándoles a obedecer todo lo que les he mandado a ustedes. Y les aseguro que estaré con ustedes siempre, hasta el fin del mundo". En Hechos 1:8, antes de que fuera llevado al cielo, Jesús les dijo: "Serán mis testigos tanto en Jerusalén como en toda Judea y Samaria, y hasta los confines de la tierra". Un poco después, en Hechos 2:42, se nos dice que los primeros cristianos "se mantenían firmes en la enseñanza de los apóstoles". Estos pasajes nos dicen claramente que los apóstoles son los *emisarios* de Jesús. Ellos llevan su mensaje y su misión al mundo. Sus enseñanzas fueron el corazón de la identidad y misión de la primera iglesia. Pablo les decía a los cristianos gentiles en Éfeso, que eran "miembros de la familia de Dios, edificados sobre el fundamento de los apóstoles y los profetas" (Efesios 2:19-20). La iglesia empieza con el testimonio que los apóstoles tenían de Jesús.

En el Nuevo Testamento hay un sentido más restringido, y un sentido más amplio de la palabra *apóstol*. Jesús designó a doce apóstoles. Después de la traición de Judas, la pequeña comunidad que seguía a Jesús agregó otro apóstol para que tomara el lugar de Judas. Matías fue escogido para ocupar dicho cargo porque él era "un testigo de la resurrección, uno de los que nos acompañó todo el tiempo que el Señor Jesús vivió entre nosotros, desde que Juan bautizaba hasta el día en que Jesús fue llevado de entre nosotros" (Hechos 1:21-22). Para la primera comunidad cristiana un apóstol, en el sentido más restringido, era una persona que había sido testigo presencial de la vida, el ministerio, la muerte y la resurrección de Jesús.

Luego surgió un sentido más amplio del término apóstol, a medida que la iglesia crecía y se extendía. Pablo no cumplía con los criterios requeridos en Hechos 1:21-22. Pero, aun así, él se consideraba un apóstol (ver 1 Corintios 9:1-2). Tal vez fue "el menor" de los apóstoles, pero aun así fue un apóstol—llamado por Dios para ser testigo de la resurrección (1 Corintios 15:9-11). Otros hombres e incluso mujeres (ver Romanos 16:7) llevarían el título de apóstol.* Entre ellos estaban los colegas de Pablo, Bernabé (Hechos 14:14) y Jacobo, el hermano del Señor (Gálatas 1:19). En este sentido más amplio, apóstol parece referirse a los primeros que predicaron sobre la vida, muerte y resurrección de Jesús, y a los fundadores de las primeras comunidades cristianas. En lo que a Pablo se refiere, su mensaje fue consistente con los doce apóstoles originales y su autoridad no fue menor que la de ellos (2 Corintios 11:5).

En el sentido más restringido y en el más amplio del término,

---

*Nota del editor: El segundo nombre que aparece en Romanos 16:7 debe ser traducido como Junia. Junia es un nombre de mujer. No fue hasta el siglo XIII cuando alguien pensó que Junia era un hombre, pero no hay evidencia en ninguna parte del sugerido nombre masculino Junías. En este versículo Pablo le llama a Junia un apóstol.

los apóstoles fueron los portadores del mensaje y de la misión de Jesús. Ellos habían escuchado sus enseñanzas. Ellos dieron testimonio de su resurrección. Ellos formaron su comunidad. Ser *apostólico* es ser fiel a la tradición apostólica, al mensaje y a la misión de esos primeros seguidores de Jesús, tal como ellos fueron fiel a él. Pero esos primeros apóstoles algún día iban a morir. ¿Qué pasaría con su mensaje y testimonio de la resurrección? En 2 Timoteo 2:2, un Pablo que ya envejecido le dice a su joven colega: "Lo que me has oído decir en presencia de muchos testigos, encomiéndalo a creyentes dignos de confianza, que a su vez estén capacitados para enseñar a otros". Pablo sabía que vendría el tiempo cuando el mensaje apostólico sería olvidado o distorsionado si éste no era enseñado y recordado fielmente (ver 2 Timoteo 4:1-5). La transmisión de esa *tradición apostólica* llegó a ser una de las tareas más importantes de los apóstoles y de sus primeros discípulos.

Esto no sólo se hizo a través de instrucciones verbales, sino, como en el caso de Pablo y Timoteo, mediante cartas o escritos. Los primeros escritos cristianos existentes son las cartas de Pablo. Desde luego también están las historias de los milagros, las enseñanzas y la pasión de Jesús que circulaban dentro de la comunidad cristiana desde esos primeros días. Pero los cuatro Evangelios fueron compuestos hacia las últimas décadas del siglo I. Este testimonio escrito fue añadido a las memorias de quienes habían escuchado a Jesús o a los apóstoles elegidos por él. Así fue como la enseñanza de los apóstoles fue preservada y transmitida.

Pero en el siglo II surgieron nuevos maestros, que ponían en duda el mensaje apostólico. Marción pretendía eliminar al Dios judío y las Escrituras hebreas, y prosiguió una versión truncada del

Evangelio de Lucas y de las cartas de Pablo. Marción argumentaba que el Dios del Antiguo Testamento y el Dios de Jesucristo no eran el mismo. Los llamados gnósticos querían eliminar o minimizar el significado del cuerpo de Jesús. Algunos maestros gnósticos insistían en que Jesús realmente no sufrió y ni tampoco murió. Otros enseñaban que el universo físico no fue creado por Dios sino por una deidad inferior. Estos falsos maestros produjeron nuevos evangelios, nuevas cartas y nuevos apocalipsis basados en una teología muy diferente a la de los apóstoles.

Una respuesta a estos cambios fue aclarar cuáles escritos eran fieles a la tradición apostólica y cuáles no. La palabra *canon* se refiere a una regla o vara de medir. El canon de la Escritura es entonces, la lista de libros mediante la cual todas las otras obras y opiniones tienen que ser medidas. La iglesia primitiva insistía en que había *cuatro* Evangelios. El Antiguo Testamento formaba parte de las Escrituras cristianas. Las cartas de Pablo estaban incluidas, pero también las cartas de Juan, Pedro, Santiago y otros escritos como la Carta a los Hebreos y el libro del Apocalipsis. Pero muchos otros evangelios, cartas, y escritos gnósticos no formaron parte del canon de la Escritura. La característica principal de un libro canónico era que éste debía ser apostólico. Esto significaba que había sido escrito por un apóstol, o por el discípulo de un apóstol, o que llevaba todas las características del mensaje apostólico.

Una segunda respuesta a la amenaza planteada ante el mensaje apostólico fue el desarrollo de la teología cristiana. Ireneo de Lyón (quien nació alrededor del año 130 y murió en el año 200) era un líder de la iglesia, quien refutó las distorsiones del mensaje apostólico en su famosa obra *Denuncia y refutación de la supuesta gno-*

sis, que también se conoce como *Adversus haereses*. Ireneo también escribió la *Demostración de la predicación apostólica*, por medio de la cual procuró salvaguardar y promover lo que entendía que era el mensaje apostólico. Los teólogos del siglo II incluían a Justino Mártir, Teófilo de Antioquía, Arístides, y otros. Al igual que Ireneo, buscaron cómo impugnar las herejías de principios del siglo II por medio de una apelación al mensaje de los apóstoles y las Escrituras. Estas reflexiones sobre el mensaje apostólico y los conflictos con la opinión pagana, judía y herética formaron la columna vertebral de la tradición teológica emergente.

Otra forma de preservar el mensaje apostólico fue el desarrollo de credos. Un credo es una declaración concisa de las creencias fundamentales. Muchas iglesias del Pacto recitan con regularidad el Credo de los apóstoles (ver *The Covenant Hymnal: A Worshipbook*, #878, y *Celebremos su gloria*, #643). Todos los pastores del Pacto recitan este credo en el rito de la ordenación. Aunque este credo no se remonta a los apóstoles originales, tiene la intención de mantener los elementos claves de la enseñanza de los apóstoles. Probablemente se remonta a una fórmula bautismal usada en Roma desde el siglo II.

Cuando el pueblo del Pacto recita el Credo de los apóstoles o el Credo niceno (ver *The Covenant Hymnal: A Worshipbook*, #883), promulgado en el Concilio de Nicea en el año 325, está afirmando continuidad con aquellos primeros cristianos y también con todos los cristianos que desean preservar, enseñar, y vivir de acuerdo con las doctrinas de los apóstoles. Cuando el pueblo del Pacto estudia la Biblia y desea poner en práctica su mensaje, es porque espera vivir según las enseñanzas de los apóstoles. Cuando el pueblo del Pacto da testimonio de la resurrección y anhela hacer y formar discípulos, está participando en la tarea apostólica. Con estas acciones y anhelos, está demostrando ser parte de una iglesia *apostólica*, comprometida con el mensaje y la misión apostólicos.

UNA IGLESIA CATÓLICA

La declaración de que somos una iglesia católica es confusa para algunos. La Iglesia del Pacto es una iglesia protestante. ¿Cómo podría ser en algún sentido católica? La palabra *católica* significa "total" y "universal." Expresar que una iglesia es "iglesia católica" es enunciar que pertenece a la "gran iglesia." Su identidad no está limitada a su carácter o a sus prácticas locales. Por muy pequeña e insignificante que parezca una iglesia, es parte de otras iglesias "católicas" y todas las iglesias "católicas" se pertenecen mutuamente. Sea cual sea la obra de Dios en el mundo a través de su comunidad, lo cierto es que la iglesia, es decir la iglesia local o la denominación, es parte de esa obra en virtud de ser la Iglesia de Jesucristo.

El mártir y obispo del siglo II, Ignacio de Antioquía escribió a los cristianos en Esmirna, *"Dondequiera que Jesucristo esté, ahí está la iglesia católica"*. No nos estamos refiriendo a la Iglesia Católica *Romana*. Ese fue un acontecimiento posterior. Más bien, Ignacio advierte sobre los maestros herejes, quienes no son fieles al mensaje apostólico acerca de Jesús, y que también olvidan cuidar a los pobres y a los que sufren. Cuando dice: *"Dondequiera que Jesucristo esté,"* Ignacio habla de un Jesucristo en particular. Él se refiere al Jesucristo de los apóstoles, no al "Jesucristo" de los herejes. Dondequiera que resida el "verdadero" Jesús, el Jesús de los apóstoles, el Jesús de los evangelios, *ahí* está la iglesia católica. Para

Ignacio la iglesia católica también debe tener líderes que sean fieles a ese mensaje apostólico. Una iglesia católica tiene a Jesucristo presente y está dirigida por líderes apostólicos. Una iglesia católica es fiel al mensaje apostólico. Ser católico es ser apostólico, y viceversa.

Cirilo de Jerusalén (quien nació alrededor del año 315 y murió en el año 382) escribió:

> A la iglesia se le llama católica porque está difundida por todo el orbe, desde un confín a otro de la tierra; porque enseña de modo completo, y sin que falte nada, todas las doctrinas que los hombres deben conocer sobre las cosas visibles e invisibles, celestiales y terrenas; y también porque ha sometido su fe a toda clase de hombres—gobernantes y súbditos, educados e inexpertos; y porque es la que sana toda clase de pecados que se cometen de cuerpo y alma. La iglesia posee toda clase de virtudes, en hechos y en palabras, y toda clase dones espirituales.[1]

Para Cirilo, ser una iglesia católica radica en presentar una declaración universal a nombre del evangelio y a nombre de la iglesia. Es llamar a todo el mundo a la comunidad de Cristo, su iglesia, hacia la sanidad y la salvación. Es afirmar en nombre de Dios, que la iglesia es para toda la Creación.

En este sentido la Iglesia del Pacto Evangélico es una iglesia católica. La Iglesia del Pacto forma parte de la gran obra que Dios está haciendo en el mundo a través de su comunidad llamada la iglesia. La Iglesia del Pacto declara firmemente que Jesucristo está presente en nosotros cuando predicamos y enseñamos la Palabra, cuando bautizamos, cuando partimos el pan y bebemos la copa, cuando testificamos y cuando actuamos con compasión. La Iglesia del Pacto sabe que cuenta con líderes apostólicos preparados para enseñar y manifestar a través de sus vidas el mensaje apostólico. La Iglesia del Pacto declara con firmeza que su misión es la misión de los apóstoles y profetas, y de Jesucristo mismo. La Iglesia del Pacto está dispuesta a colaborar con cualquier persona o comunidad que forme parte de esta gran iglesia universal, la iglesia católica. Al decir que la Iglesia del Pacto es una iglesia católica, está afirmando algo más. La Iglesia del Pacto testifica que toda la historia de la iglesia es también su historia. San Agustín pertenece a la Iglesia del Pacto. También pertenecen San Benito, San Francisco, Santa Clara, Juliana de Norwich, y Santa Brígida de Suecia. Martín Lutero pertenece a la Iglesia del Pacto. También pertenecen Juan Calvino, Ulrico Zwinglio, y Martín Bucero. Felipe Jacobo Spener pertenece a la Iglesia del Pacto. También pertenecen Jonatán Edwards, Juan Wesley y Billy Graham. Pablo Pedro Waldenström pertenece a la Iglesia del Pacto. También pertenecen Martín Lutero King júnior, Desmond Tutu, la Madre Teresa, y Gustavo Gutiérrez. Al decir que toda la iglesia pertenece al Pacto no quiere decir que estamos de acuerdo con, o que apoyamos todo lo que la iglesia ha hecho o dicho. Tampoco quiere decir que toda la iglesia ha sido siempre fiel a Cristo o al evangelio, ni que la Iglesia del Pacto ha sido siempre fiel a Cristo o al evangelio. Más bien es afirmar que dondequiera que haya estado obrando Jesucristo para la renovación de su creación,

allí está presente la iglesia, la iglesia católica; inclusive cuando ese esfuerzo haya sido inconcluso y frágil.

UNA IGLESIA DE LA REFORMA

El siglo XVI produjo un tsunami religioso, cultural y político en Europa. El apretado entretejido social que era Europa medieval ya se estaba deshilachando a comienzos del siglo XVI. Pero sólo unos pocos europeos que vivieron en el año 1500 pudieron imaginar los cambios y cataclismos que se veían venir. El nombre más famoso de la época de la Reforma es, por supuesto, el del monje alemán Martín Lutero. Lo que empezó como una protesta contra la venta de indulgencias, pagos para escapar del purgatorio, muy pronto se extendió a una crítica más profunda y de mayor alcance relacionada con la teología y prácticas de la Iglesia Católica Romana medieval. Lutero fue más que un polemista, predicador y escritor; fue un erudito de la Biblia. Atormentado por el temor a un Dios iracundo y justiciero, Lutero descubrió en la Biblia una forma muy diferente de entender a Dios y la salvación humana. Frecuentemente se argumenta que fue la publicación de sus famosas noventa y cinco tesis lo que desencadenó la Reforma. Pero fácilmente se podría debatir que el estudio que hizo Lutero sobre la Carta a los Romanos fue lo que realmente marcó el curso de su vida y le dio cabida a la Reforma.

La Iglesia Romana proponía que la tradición de la iglesia, la autoridad docente de los papas y los concilios era lo que determinaba el significado de las Escrituras y la naturaleza de la fe. Lutero argumentaba que tanto los papas como las tradiciones estaban sujetos a error, y que para determinar lo que era apostólico y lo que no era apostólico sería indispensable acudir al fiel significado de las Escrituras. Lutero encontró de gran valor los pensamientos de los teólogos y maestros de la historia cristiana. Él mismo honraba muchas de las tradiciones de la iglesia. Pero era la Palabra de Dios, no la palabra de ningún papa o concilio, lo que debía prevalecer en cualquier discusión.

Tres frases le dieron forma a la teología de la Reforma: *sola fide* (solo la fe), *sola gratia* (solo la gracia), y *sola scriptura* (solo las Escrituras). Lutero descubrió en los escritos de Pablo que una persona no era justificada mediante sus buenas obras. Por el contrario, la justificación se obtenía por la obra de Cristo. Lutero insistía en que la fe por la cual una persona es justificada no es meramente un sentimiento intelectual o basado en un credo, es más bien "una inconmovible certeza de la gracia de Dios, tan cierta que cualquiera moriría mil veces por ella".[2] Fue Dios en Cristo quien hizo toda la obra. Y es *solamente por fe* que los creyentes se apropian de los resultados de esa gran obra.

Detrás de la fe humana estaba la *gracia* de Dios. Fue Dios quien tomó la iniciativa. Como lo afirmó Pablo: "En Cristo, Dios estaba reconciliando al mundo consigo mismo, no tomándole en cuenta sus pecados" (2 Co. 5:19). Esta reconciliación fue un regalo de Dios—gracia. "Porque por gracia ustedes han sido salvados mediante la fe; esto no procede de ustedes, sino que es el regalo de Dios, no por obras, para que nadie se jacte" (Efesios 2:8-9). La salvación de Dios fue un regalo. Nada que los humanos hayan hecho podía merecer este regalo.

Todo esto fue dicho claramente en la Biblia. Las Escrituras no eran documentos antiguos accesibles solamente para eruditos y sacerdotes; al contrario, pueden ser leídas y entendidas por cualquiera que esté dispuesto a leer, orar, escuchar y aprender. A medida que avanzaba el siglo XVI, Lutero y sus compañeros de la Reforma entendieron que quizás no era tan fácil interpretar las Escrituras como creyeron inicialmente. Surgieron significativas diferencias entre ellos, las cuales dividieron el movimiento protestante. Sin embargo, nadie dudaba que la fe debía ser formulada por la *Escritura sola*. ¿Pero cómo debían ser leídas e interpretadas las Escrituras?

Lutero desarrolló una forma dinámica de leer la Biblia. La Palabra escrita era crucial para él. Pero aún más importante era la Palabra viva, Jesucristo. Uno debía leer las Escrituras no simplemente para conocimiento, sino para encontrarse con el Cristo vivo. La Biblia era "la cuna donde se encuentra Cristo". La Palabra del Dios viviente estaba presente a través del Espíritu, el cual habla y empodera por medio de la Palabra de Dios escrita. La Escritura sin el Cristo viviente, era solamente una página escrita con tinta.

Otro aspecto crítico del pensamiento de la Reforma era el "sacerdocio de todos los creyentes". Lutero y otros reformadores negaban que existiera una casta especial de individuos, expresamente capacitados para representar al pueblo delante de Dios. De hecho, este papel representativo era la responsabilidad de todo el pueblo de Dios. Pedro escribió que los creyentes eran "un sacerdocio santo" ofreciendo "sacrificios espirituales aceptados por Dios mediante Jesucristo" (1 Pedro 2:5). Para los reformadores, todos los cristianos eran sacerdotes en virtud de su fe en Jesucristo. Todos ellos podían ser representantes de Dios ante el pueblo y representar al pueblo ante Dios. Todos ellos podían leer y entender las Escrituras y ofrecer adoración y alabanza a Dios. Esto no quiere decir que los reformadores pensaban que la función de pastor o ministro debería ser abolida. Más bien querían decir que aquel papel de exclusividad había sido abolido.

La Reforma se extendió rápidamente y atrajo a eruditos y líderes de cada rincón de Europa. Las principales corrientes de la Reforma Protestante fueron la luterana, la reformada, y la anglicana. El movimiento luterano empezó en Alemania y se extendió a Escandinavia y a otras partes en el norte de Europa. El movimiento reformado encontró su impulso original en Suiza con el trabajo de Juan Calvino, Ulrico Zwinglio, y otros. Se extendió por Europa oriental, Francia, y los Países Bajos. Esto permitió el desarrollo del presbiterianismo en Inglaterra y Escocia. La Iglesia de Inglaterra se formó a raíz de los movimientos reformadores de Europa y las crisis maritales de Enrique VIII. Tomás Cranmer, el arzobispo de Canterbury bajo Enrique VIII, había sido influenciado por el pensamiento luterano. Su trabajo reformador lo llevó al martirio bajo la autoridad de María, la hija de Enrique, frenética católica romana.

Otra rama principal de la Reforma fue la llamada reforma radical. Estos reformadores aspiraban volver a los inicios del movimiento cristiano. Los llamados anabaptistas fue el grupo más importante de este diverso movimiento. El título se refiere a que rechazaban el bautismo de infantes, insistían en sólo bautizar a creyentes adultos. La palabra *anabaptista* quiere decir "bautizar de nuevo". Hubo muchas variantes en el pensamiento anabaptista, pero todos los anabaptistas insistían en retornar a las Escrituras para establecer el patrón de la vida cristiana y el orden dentro de la iglesia. La mayoría se oponían a cooperar con el Estado, algunos eran pacifistas, pero otros eran dados a la violencia revolucionaria. Fueron perseguidos tanto por los protestantes como por los católicos romanos. Hoy en día los anabaptistas se encuentran en grupos como los menonitas. Los bautistas contemporáneos también son herederos de la reforma radical, aunque su historia es más complicada.

La tercera rama de la Reforma es la llamada reforma católica. En respuesta a la creciente amenaza del protestantismo, la Iglesia católica romana vivió su propio proceso de reforma. El Concilio de Trento (1545-1563) enfrentó toda clase de abusos del clero que dieron origen a la Reforma. Dicho concilio elaboró una rigurosa y profunda declaración del pensamiento católico, y estableció los patrones para la educación y disciplina del clero. Muchos de los que participaron en el concilio tenían la esperanza de establecer la paz con los protestantes al tratar de remediar los abusos que ellos reprobaban, además de clarificar y fortalecer el pensamiento teológico católico. El concilio estableció el contexto para las infructuosas conversaciones entre protestantes y católicos romanos que duraron cientos de años. Fue hasta el Segundo Concilio Vaticano (1962-1965), convocado por el Papa Juan XXIII (1881-1963), cuando "se abrieron nuevas ventanas" para la cooperación entre protestantes, católicos romanos, y judíos.

La Iglesia del Pacto Evangélico es claramente una iglesia de la Reforma, pues afirma los tres lemas: *solo por la fe, solo por la gracia, solo por la Escritura.* Es también claramente una rama del árbol genealógico luterano, ya que empezó como un movimiento en la Iglesia luterana del Estado en Suecia. Sin embargo, la familia reformada y la familia anabaptista también han influido en la Iglesia del Pacto.

La Iglesia del Pacto comparte la convicción luterana de que la Biblia es un documento vivo. Uno lee la Escritura para encontrarse con el Cristo viviente por medio del Espíritu Santo. La Biblia no es simplemente una colección de proposiciones teológicas. La Iglesia del Pacto interpreta la Cena del Señor y el bautismo como sacramentos de la iglesia, tal como los interpretan los luteranos. La gracia de Dios está presente de manera real y poderosa en estos actos de la iglesia. Pero algunas personas del Pacto se sienten más cómodas con la palabra *ordenanza* para referirse al bautismo y a la Cena del Señor. Estas son ceremonias practicadas en respuesta a los mandamientos del Señor. Es de notar la influencia anabaptista al usar la palabra ordenanza.

La Iglesia del Pacto está firmemente comprometida con el sacerdocio de todos los creyentes. Todo el pueblo de Dios está dotado por Dios y llamado para representarle ante el mundo como sacerdotes. Esta es una característica del movimiento entero de la Reforma, aunque diferentes ramas expresan el "sacerdocio" de otras formas.

Aunque la Iglesia del Pacto es claramente una iglesia de la Reforma, desea permanecer abierta a la comunión y comunicación con los cristianos católicos romanos y cristianos ortodoxos. Además procura mantener el diálogo con hermanas y hermanos protestantes inclusive cuando hay diferencias significativas. Ser una iglesia de la Reforma, una iglesia católica, y una iglesia apostólica es estar comprometida a colaborar con cada comunidad de cristianos en donde, como Ignacio lo expuso hace muchos años, Jesucristo está presente.

UNA IGLESIA EVANGÉLICA

La palabra *evangélica* viene del término griego (ευαγγελιον = "buenas nuevas") usado para referirse al evangelio. Lutero y los otros reformadores creyeron que habían vuelto a descubrir el evangelio el cual había sido "enterrado" bajo el peso del tradicionalismo, la jerarquía, y la ignorancia sobre las Escrituras. En ese sentido todas las iglesias de la Reforma eran evangélicas. La Iglesia del Pacto Evangélico es ciertamente evangélica en ese sentido. Pero al pasar de los años el significado del término *evangélico* ha sido moldeado por fuerzas culturales y teológicas que han influido en la Iglesia del Pacto al igual que en otras denominaciones, iglesias, y personas.

A mediados del siglo XVII muchos protestantes europeos empezaron a creer que el movimiento de la Reforma se había debilitado. La dinámica teología vital de los primeros reformadores se había convertido en algo formal, rígido y violento. Las condenas mutuas corrieron de un lado a otro del continente. Muchas de las controversias eran triviales y creaban resentimientos y divisiones sin sentido. Otros conflictos fueron más serios. A comienzos del siglo XVII, varias guerras violentas habían arruinado a Europa. Se desarrollaron conflictos que enfrentaron a protestantes contra católicos romanos, a protestantes contra protestantes, y a católicos contra católicos. Tales conflictos indignaron a muchos miembros de las iglesias y de las comunidades académicas de Europa.

El movimiento conocido como "pietismo" surgió en ese contexto. Felipe Jacobo Spener (1635-1705) fue un pastor luterano que se convirtió en un fuerte crítico de lo que él vio como árida rigidez teológica en la Iglesia luterana del Estado en Alemania. En 1675 escribió el libro *"Pia Desideria"* o *"Deseos piadosos"*, el cual tuvo mucha influencia en las iglesias. Él anhelaba una fe en Dios menos formal y más personal. Insistía en que los pastores y los laicos debían aplicar con mayor decisión las enseñanzas de las Escrituras tanto en sus vidas como en sus ministerios. Abogaba por un compromiso genuino en el sacerdocio de todos los creyentes. Los laicos, pensaba él, deberían desempeñar un papel más amplio en la vida de la congregación. Animó a pequeños grupos de creyentes a reunirse después de los cultos de adoración y en otras ocasiones, con el propósito de animarse mutuamente y aprender juntos. Spener quería que los pastores estuvieran mejor preparados tanto en lo espiritual como en lo académico. Además, deseaba que la predicación fuera sencilla, clara y bíblica. Abogaba por menos disputas teológicas entre cristianos, recordándoles que tenían en común muchas de las creencias más importantes, o la mayor parte de ellas. El impacto del pietismo se extendió a otros países luteranos, incluyendo Suecia.

Augusto Germán Francke (1663-1727), un joven contemporáneo de Spener, continuó su obra. Francke estableció un centro en la Universidad de Halle en Alemania cuyo énfasis fue el pietismo. Su influencia en el movimiento pietista se hizo visible por medio del desarrollo de escuelas, obras de caridad, obra misionera, y la distribución de Biblias. Al igual que Spener, enfatizaba el papel de los laicos, la importancia de una vida santa, la centralidad de las Escrituras, y la disminución de controversias teológicas. Los sucesores inmediatos del pietismo fueron los moravos, cuya piedad profundamente personal y mística condujo a que Juan Wesley, el fundador del movimiento metodista, sintiera en su corazón "un fuego interno". Wesley y el movimiento que luego fundó, tuvo un enorme impacto en el desarrollo de lo que llegó a ser el *evangelicalismo*. De hecho, un seguidor de Wesley, Jorge Scott, llevó consigo un avivamiento pietista a Suecia en el siglo XIX.

Hoy en día el movimiento evangélico es diverso, multi-denominacional, y con múltiples facetas. Pero los eruditos del movimiento sostienen que se caracteriza por cuatro áreas permanentes que merecen atención especial:

1) El valor normativo de la Escritura en la vida cristiana.
2) La necesidad de la conversión.
3) El valor crucial de la actividad salvadora de Cristo como el único mediador entre Dios y la humanidad.
4) El evangelismo es imperativo para cada creyente.

Lo que falta en la lista anterior pero que estaba presente en los primeros pietistas es el compromiso con la caridad y la compasión. Este compromiso moldeó la vida de los pietistas en el siglo XVII, los metodistas en el siglo XVIII, y al movimiento evangélico más amplio en el siglo XIX. Fueron los evangélicos quienes empezaron a fundar escuelas y orfanatos, lucharon por la abolición de la esclavitud, y procuraron cuidar a los más pobres y desamparados de la sociedad. Solamente en los Estados Unidos en el siglo XX fue donde algunos evangélicos percibieron una división entre el evangelismo y la preocupación social.

Los antepasados más cercanos a la Iglesia del Pacto eran pietistas luteranos; fueron afanosamente críticos de la Iglesia luterana del Estado en Suecia en el siglo XIX, como Spener lo había sido respecto a la Iglesia luterana del Estado en Alemania en el siglo XVII. Su deseo era formar pastores y líderes en cuyo corazón, como en el de Juan Wesley, sintieran el mismo un "fuego interno". Una relación formal con la iglesia no era suficiente. Uno necesitaba una relación personal con Dios por medio de Cristo. Un compromiso pasivo con la iglesia no era suficiente, era necesario involucrarse de manera activa y total en la adoración, el servicio y el testimonio. Una vida como la mayoría llevaba, no era suficiente. El creyente debería vivir una vida santa, una vida que fuese moldeada por las Escrituras y los mandatos de Jesús. Una vida individualista no era suficiente ni aceptable, uno necesitaba una vida en comunidad.

Nuestros antepasados aprendieron de los metodistas a formar grupos pequeños para practicar la rendición de cuentas, el apoyo mutuo en la oración, el estudio bíblico, el servicio y el crecimiento personal. Estos grupos llamados "conventículos" eran fuentes de ánimo, apoyo mutuo, y aprendizaje. Nuestros antepasados se comprometieron los unos a los otros de la misma forma que estaban comprometidos con el evangelio y la misión de la iglesia. De hecho, se llamaban a sí mismos *"Amigos de la Misión"*, destacando la naturaleza personal y comunitaria de su compromiso. Se llamaban y eran amigos y compañeros de todos los que le temían a Dios, sin que importara el trasfondo denominacional. Cualquiera que seguía a Jesús era su amigo en la misión y en la adoración.

El movimiento del cual nació la Iglesia del Pacto Evangélico fue el llamado el movimiento de "iglesias libres" en Europa. Las *Iglesias Libres* eran aquellas que de alguna forma se separaron de las iglesias del Estado de Europa. Hubo (y hay) muchas iglesias libres en muchos países. Estas iglesias desarrollaron sus propias tradiciones, formas de adoración, y organización, en disconformidad con la iglesia del Estado de su región.

Cuando los suecos, noruegos y daneses que eran parte del pietismo escandinavo llegaron a los Estados Unidos, se sintieron por primera vez libres de formar sus propios estilos de adoración y servicio a Dios sin interferencia del gobierno o el Estado. Los pietistas suecos quienes fueron nuestros antepasados también se reunían para alabar y dar testimonio en comunidad. Fundaron iglesias en los Estados Unidos, en el nordeste, en la región central norte, en el oeste, e inclusive en el sur. En 1885, en la ciudad de Chicago, acordaron unificarse para fortalecer la misión y animarse mutuamente. Así nació la Iglesia del Pacto Evangélico.

Esos primeros pactistas compartían el compromiso de sus hermanos y hermanas de Suecia en cuanto a que "sólo una cosa es necesaria" (Lucas 10:42)—una relación con Dios por medio de Jesucristo. Estaban comprometidos con las Santas Escrituras, la Palabra viva de Dios. Esperaban que cada creyente estuviera "vivo en Cristo". Estas características, las compartían con muchas personas en los Estados Unidos y Canadá quienes habían sentido el impacto de los grandes avivamientos de los siglos XVIII y XIX. Pero al igual que los pietistas del siglo XVII, se oponían tanto a hacer distinciones teológicas exageradamente sutiles como a caer en controversias que crearan división. Su deseo era colaborar con todos los seguidores de Cristo, inclusive cuando había desacuerdos en asuntos importantes. También demostraban un compromiso con la misión pietista de velar por los pobres y los que sufren. A los pactistas les causó un fuerte impacto el surgimiento del fundamentalismo de comienzos del siglo XX, pero resistieron su feroz separatismo, su literalismo bíblico, y su exagerado legalismo. El espíritu de aquellos pietistas del siglo XVII, y los *Amigos de la Misión* del siglo XIX permanecen en la Iglesia del Pacto Evangélico hasta el día de hoy.

La Iglesia del Pacto sigue comprometida con la viva y poderosa Palabra de Dios. La Iglesia del Pacto todavía está comprometida con la necesidad de la conversión, de la nueva vida en Cristo.

La Iglesia del Pacto mantiene su compromiso con la misión y el evangelismo. La Iglesia del Pacto sigue comprometida con una fe viviente y una vida santa. La Iglesia del Pacto sigue comprometida con la compasión, la misericordia y la justicia. *La Iglesia del Pacto sigue siendo una iglesia evangélica, una iglesia de la Reforma, una iglesia católica, y una iglesia apostólica.* En las páginas que siguen, las seis afirmaciones de la Iglesia del Pacto demostrarán cómo esta iglesia mantiene la intención de permanecer fiel a su herencia, y comprometida con su misión.

NOTAS

1. Cirilo de Jerusalén, *Catequesis*, Catequesis 18, sección 24.

2. Martín Lutero, *Comentarios de Martín Lutero: Carta del Apóstol Pablo a los Romanos*. Traducción de Erich Sexauer. (Barcelona: Editorial CLIE, 1998), 15.

PARA UNA LECTURA ADICIONAL

The Covenant Hymnal: A Worshipbook. Chicago: Covenant Publications, 1996.

Frisk, Donald C. *Covenant Affirmations: This We Believe*. Chicago: Covenant Publications, 1981.

Lutero, Martín. *El Catecismo Menor de Martín Lutero con explicaciones*. Edición revisada. St. Louis, Missouri: Concordia Publishing House, 1997.

Spener, Felipe Jacobo. *Pia Desideria*. Traducción de René Krüger y Daniel Beros. Buenos Aires: Instituto Universitario ISEDET, 2007.

Wilson, Everett L. y Donald Lindman. "What Does It Mean to Be Covenant? Covenant Distinctives." Chicago: Covenant Publications, 1988.

Waldenström, Paul Peter. *The Reconciliation: Who Was to Be Reconciled? God or Man? Or God and Man?* Chicago: John Martenson, 1888.

PARA REFLEXIÓN Y DISCUSIÓN: CAPÍTULO UNO, AFIRMACIONES CRISTIANAS COMUNES

1) Reflexione sobre su interpretación de la palabra tradición. ¿Creen que esta interpretación ha formado parte de su experiencia dentro de la iglesia? ¿De qué forma ha sido provechosa o perjudicial?

2) ¿De qué manera ve usted a la Iglesia del Pacto como apostólica, o conectada a través de la historia con la iglesia antigua de los apóstoles? Lea 2 Timoteo 3:16 y considere cómo este versículo se relaciona con la pregunta.

3) ¿De qué manera ve usted a la Iglesia del Pacto como católica, o formando parte de la más amplia tradición cristiana representada en el Credo de los apóstoles y en el Credo niceno? Reflexione sobre las personas que el autor menciona, los cuales podemos afirmar que pertenecen a nuestra tradición común. ¿Conoce otros pensadores y movimientos que usted afirmaría como parte de nuestra tradición?

4) ¿De qué maneras ve usted a la Iglesia del Pacto como parte de la Reforma, la tradición arraigada en cuanto a la gracia según Lutero? ¿De qué forma el pensamiento del pietismo influye en la teología y las prácticas de la Iglesia del Pacto?

5) ¿De qué manera ve usted a la Iglesia del Pacto como evangélica, o moldeada por las Buenas Nuevas? Considere cómo inter-

preta el autor este término comparado con las definiciones alternas del término "evangélico." ¿Cómo lo entienden usted y su iglesia?

6) Considere si su iglesia local refleja, o no, las influencias históricas particulares de la Iglesia del Pacto—apostólica, católica, de la Reforma, evangélica. ¿De qué forma estas influencias pueden fortalecer la alabanza, la oración y el culto en su iglesia?

La Centralidad de la Palabra de Dios

RAÍCES HISTÓRICAS

L a pregunta: "¿Dónde está escrito?" sigue siendo una manera simple para recalcar, en forma condensada y precisa, la centralidad de la Biblia en la vida de los creyentes que pertenecen a la Iglesia del Pacto Evangélico, de generación en generación. Es una pregunta que nos une, y también expresa nuestro deseo de saber que nuestras creencias están fundadas en la autoridad de las Escrituras y no en razonamientos humanos. Dicho de otra forma: "¿Qué dicen las Escrituras?" es una convincente invitación a leer toda la Biblia de manera cuidadosa y con devoción, con discernimiento y con disposición a rendir cuentas. La pregunta también lleva a la comunidad del Pacto a aceptar la Palabra de Dios como la única autoridad dentro de una denominación que, en forma intencional, no ha creado una serie de credos o profesiones de fe. La constitución de la iglesia, en el segundo artículo, contiene sólo una profesión de fe: "La Iglesia del Pacto Evangélico confiesa que la Sagrada Escritura, el Antiguo y el Nuevo Testamento, constituyen la Palabra de Dios y es la única regla perfecta de fe, doctrina y conducta".

La pregunta: "¿Qué dicen las Escrituras?" como cualquier pregunta, tuvo su origen en algún momento. Históricamente esta pregunta está enraizada en una narrativa que da vigor, permanencia, y una memoria colectiva. La Iglesia del Pacto nació en medio de un poderoso movimiento popular de renovación espiritual en Suecia, y entre inmigrantes suecos en Estados Unidos y Canadá durante el siglo XIX. Este movimiento, conocido como *pietismo*, hacía hincapié en la conversión personal y en una activa fe viviente de personas transformadas por el evangelio. Su centro eran los conventículos, grupos pequeños que se reunían en los hogares y en otros lugares para orar, adorar a Dios, cantar, animarse unos a otros, y leer la Biblia. Gracias a esto, los índices de alfabetización fueron aumentando entre los campesinos. Además, tuvieron acceso a las Escrituras, a obras devocionales, y a libros con cantos religiosos. La combinación de estos factores dio como resultado que estos pietistas fueran reconocidos por otras personas y por ellos mismos como *läsare*, palabra sueca que quiere decir "lectores".

Gracias a estos factores, fue natural para ellos redescubrir por propia experiencia el principio *sola scriptura* (solo las Escrituras), uno de los principios de los reformadores protestantes del siglo XVI. Estos grupos de personas empezaron a crecer y a tener hambre y sed de conocimiento; muchas veces caminaban millas y millas, sólo para asistir a un conventículo, reuniones consideradas ilegales hasta 1858. Karl Olsson, el fallecido historiador del Pacto escribió: "Tú creías en la Biblia, tú la leías, tú la reverenciabas; en ella y por medio de ella Dios te hablaba de su palabra de salvación... No siempre la analizabas gramaticalmente, ni la comparabas detalladamente, ni buscabas estipularlo todo. No desechabas ni criticabas. Tú estudiabas y escuchabas. Así se hacían las cosas".[1]

Paul Peter Waldenström, pastor en la Iglesia de Suecia, y líder de la que llegaría a ser la Iglesia del Pacto allí en 1878, se reunió de manera informal con algunos colegas en el verano de 1870 para analizar la obra salvadora de Cristo en la cruz.* Uno de ellos comentó que lo extraordinario del sufrimiento y la muerte de Jesús, era que Dios lo había castigado severamente pues la humanidad caída así lo merecía; de este modo se restauraba la justicia divina, se aplacaba su ira, y su misericordia volvía a estar a disposición del pecador. Otro colega preguntó, "¿Eso dónde está escrito?" Esta interpretación la enseñaba la Confesión de Augsburgo de la Iglesia luterana del Estado, y ellos daban por sentado que dicha interpretación estaba expresada a lo largo de toda la Escritura.

Sin embargo, a Waldenström este comentario no le dejó tranquilo. Durante los siguientes dos años estudió la Biblia con mucha atención (tenía un doctorado en lenguas clásicas de la Universidad de Uppsala en Suecia), y en 1872 publicó un sermón acerca de este tema. Argumentó que el punto de vista sobre la muerte salvadora

---

*Nota del editor: En la versión en inglés de este libro, la palabra atonement (o una de sus variantes) aparece aquí y en páginas subsecuentes. La traducción más común de esta palabra ha sido "expiación". Sin embargo, esta traducción representa solamente una de varias teorías con respecto a cómo logró Dios restaurar a la humanidad por medio de la muerte y la resurrección de Cristo. Palabras aparte de "expiación" que pudieron haber sido escogidas por diferentes escritores para traducir atonement incluyen "propiciación", "redención" y "reconciliación". Para este libro, la traducción escogida, por abarcar más y ser más amplia que las demás, es "la actividad salvadora de Cristo" o expresiones similares.

de Cristo conocido como "sustitución penal" no estaba en la Biblia, ni tampoco era lo que los primeros cristianos enseñaban. Esa interpretación surgió mucho más tarde en el seno de la Iglesia occidental medieval. Basado en la lectura minuciosa de los textos bíblicos, el principal cambio presentado por Waldenström, fue que, al caer la humanidad en pecado, fuimos nosotros los que cambiamos, y no Dios. Inclusive señaló que la causa que motivó el sacrificio salvador de Cristo en la cruz para la remisión del pecado fue el amor inmutable de Dios, y no un apaciguamiento de su ira. Dios no es el objeto de la actividad salvadora de Cristo, sino el sujeto de ella. De esta manera, y de acuerdo con la Iglesia antigua, Cristo al identificarse de manera voluntaria y obediente con la humanidad, se convirtió en uno igual a nosotros para que fuésemos hechos como él. Este sermón de Waldenström generó una tormenta de controversias que contribuiría a la formación de la Iglesia del Pacto.

Los miembros del Pacto se sienten con la libertad de interpretar la Escritura con referencia a la doctrina de la actividad salvadora de Cristo, o con referencia a cualquier otra doctrina, sin tomar en cuenta credos y profesiones de fe establecidas. No obstante, la pregunta "¿Qué dicen la Escrituras?" sigue siendo una llamada de atención imperativa y un principio que somete todo a prueba, mediante una lectura fiel del texto dentro de la comunidad de creyentes. Los primeros pactistas reconocieron que este principio era definitivo, y sería la unión cohesiva de un movimiento de vida, tanto en el testimonio de fe compartida entre ellos, como también compartida con el mundo. Al sostener que la Biblia era su única profesión de fe, estos pioneros seguramente se sintieron como una tortuga saliendo de su caparazón (un paso liberador que conlleva en sí mismo el riesgo de la vulnerabilidad); es semejante a un marinero que desecha la brújula y el sextante, para usar su propia habilidad de navegar basándose solamente en las estrellas.

En un discurso que David Nyvall, primer presidente de North Park (la universidad y el seminario de la Iglesia del Pacto), presentó a los pastores del Pacto en 1898, dijo:

> Si van a [la Biblia] con miras solamente de buscar el error y la contradicción, errores gramaticales, históricos, datos y números equivocados, la Biblia es suficientemente amplia y erudita como para ocuparse de esas cosas. Pero si van a ella con miras a descubrir la vida, verán que se levanta con olas poderosas donde corre la corriente, reventando acá y allá; en aquel momento serán infinitamente más recompensados. La Biblia es un mundo que debe ser estudiado con un telescopio y no con un microscopio. ¡Qué pérdida de tiempo sería estudiar las estrellas o la aurora boreal con una lupa![2]

Interpretar la Escritura es un acto de adoración hacia Aquel en quien nos vemos como realmente somos. Este acto siempre ha estado presente en la adoración colectiva de la Iglesia del Pacto— así lo dicen las palabras de un antiguo himno del Pacto:

> Gracias Señor por tu verdad revelada en tu Palabra, gracias por las muestras de tu gracia. Gracias por las advertencias, y por la instrucción, gracias por la esperanza que en tu Palabra recibimos; gracias por ser ella una la luz poderosa, gracias que tu Palabra nos ayuda a desechar el temor y a calmar nuestra ansiedad.

¡Señor ayúdanos a amar tu Palabra. Ayúdanos en la cotidianidad de la vida a ser guiados siempre por tu Palabra. Amén.

(David Nyvall, *The Covenant Hymnal: A Worshipbook*, #507)

2

LA AFIRMACIÓN

L a Iglesia del Pacto declara su posición respecto a la Biblia: "La Sagrada Escritura, el Antiguo y el Nuevo Testamentos, constituyen la Palabra de Dios y es la única regla perfecta de fe, doctrina y conducta".[3] Cuando Felipe Jacobo Spener presentó sus propuestas para la renovación de la iglesia en 1675, su primera preocupación fue la centralidad de la Palabra de Dios en la vida de la congregación, y de los creyentes. Por lo tanto, escribió:

> Debe darse debida consideración a un uso más extendido de la Palabra de Dios en nuestro medio. Sabemos que por naturaleza no tenemos nada bueno en nosotros. Si algo bueno llega a haber en nosotros, tiene que ser obra de Dios. Para este fin la Palabra de Dios es el medio poderoso, ya que la fe debe ser encendida por el evangelio... Mientras más habite la Palabra de Dios entre nosotros, más fe y más frutos se producirán.[4]

Lo nuevo en la propuesta de Spener no fue otra doctrina de la inspiración (ya había en aquellos días un acuerdo general sobre la divina inspiración de la Escritura), ni un nuevo reconocimiento de la autoridad de la Escritura. Lo nuevo fue su redescubrimiento sobre la naturaleza viviente de la Palabra de Dios. La Palabra es el "medio poderoso" para la creación de nueva vida a través del Espíritu Santo. Para muchos en la época de Spener, la Palabra de Dios era información, o ley, o reglas; para Spener la Palabra era poder—poder para efectuar cambios en la vida del que la escucha, por medio del Espíritu Santo.

El poder dinámico de la Palabra de Dios que tranforma a la vida del creyente ha estado en el corazón de la Iglesia del Pacto desde su fundación. Aquella Palabra que cambia vidas dio lugar a los conventículos—pequeños grupos que se reunían para estudiar la Biblia, confiando en que la Palabra moldearía la vida del individuo y de la comunidad de creyentes. Además, proporciona motivacion para la lectura devocional privada de la Biblia, una práctica por la que nuestros fundadores recibieron el apodo de "lectores." Asimismo leer la Biblia, estimuló la preocupación por una predicación fiel, no de opiniones humanas, sino de la Palabra de Dios, que tiene poder para convencer de pecado e injusticia y poder para encender el deseo de una nueva vida. Este poder dinámico de moldear vidas que tiene la Palabra nos conduce a afirmar que tanto mujeres como hombres, son llamados a servir como ministros ordenados. Es la razón por la que intencionalmente promovemos la diversidad étnica. Es la motivación detrás de todo acto de compasión y justicia a través de la vida de nuestro ministerio compartido.

La Iglesia del Pacto cree que el poder efectivo que tiene la palabra de Dios escrita está asociado inseparablemente con el ministerio del Espíritu Santo. El Espíritu nunca trabaja independientemente de la Palabra, y la Palabra se hace efectiva por medio del Espíritu Santo. La unión de Palabra y Espíritu es un tema central en la fe evangélica. Es por la inspiración del Espíritu Santo que la Palabra escrita llegó a existir (2 Timoteo 3:16). Por la acción del Espíritu la Palabra de Dios no vuelve vacía, sino que cumple el propósito para el cual fue enviada (Isaías 55:11). Es por el testimonio interno del Espíritu Santo que el pecador que responde a la Palabra tiene la seguridad de que ha sido hecho hijo de Dios (Romanos 8:16-17).

Es esencial, entonces, para la vida de la Iglesia, que ésta sea una compañía de personas que desean que sus vidas sean moldeadas por la Palabra viva y poderosa de Dios. La alternativa es clara. No ser moldeados por la Palabra es ser moldeados por el mundo.

Siempre habrá voces sugestivas y persuasivas que nos impulsen a conformarnos al espíritu de esta época y cultura. Algunas veces no podremos escaparnos de tan agudas influencias. Sólo la iglesia que oye y responde a la Palabra será capaz de levantar una voz profética en medio de desiertos, y traer sanidad a un mundo confundido y perturbado.

2

REFLEXIÓN TEOLÓGICA

La centralidad de la Escritura es herencia y fundamento de la Iglesia del Pacto. Esta afirmación se deriva de la convicción más elemental de que Dios habla, Dios ha hablado contundentemente en Jesucristo, y su Palabra sigue hablando a través de su Espíritu. La iglesia cristiana existe solamente porque mantiene esta convicción. Dios es un Dios comunicativo, a pesar de que algunas veces es un Dios que se oculta como dice Isaías 45:15.

La centralidad de la Escritura es la primera de las afirmaciones del Pacto y está sostenida a lo largo de todo este documento, pues las demás afirmaciones se derivan directamente de la Escritura. ¿Por qué tanto enfoque en la centralidad de la Escritura? Por la firme convicción de que la Escritura es el medio para alcanzar la vida, porque a través de la obra del Espíritu, ella provee *acceso* a la Palabra viva, Jesucristo, y a Dios el Padre, el dador de la vida. La Palabra es central solamente porque el Dios revelado en Jesucristo es central y fundamental para la totalidad de la vida. La centralidad de la Escritura en realidad tiene que ver con la centralidad de

Dios; no simplemente cualquier dios, sino específicamente el Dios revelado en Jesucristo.

La Iglesia del Pacto siempre ha sostenido la centralidad de la Escritura, como también lo han hecho la mayoría de los cristianos. Creemos que es central porque da testimonio acerca de una vida, a saber, la vida de Cristo, y porque guía nuestras vidas. Con este fin, convergemos la atención en la Escritura como un *camino*. A través de la Escritura encontramos el camino para relacionarnos con Jesucristo. Esta relación con Cristo por medio de la Palabra viva tiene prioridad sobre todas las teorías de la inspiración divina de la Biblia. Esas teorías, en el fondo, y con frecuencia, son una búsqueda de seguridad, y nosotros creemos que nuestra seguridad se encuentra en Dios. Es posible llegar a conocer muchas cosas acerca de la Escritura, pero si ese conocimiento no guía ni dispone la vida de una persona, es solo un simple conocimiento racional. Cualquier declaración de compromiso con la centralidad de la Escritura no debe ser sólo palabras, sino un deseo por cumplir lo que dice la Escritura. Un compromiso con la centralidad de la Escritura es darle atención minuciosa a la lectura de ella, porque es el principio guiador y fundamental para la vida, y la autoridad suprema que dirige nuestro pensamiento y conducta. Un compromiso con la centralidad de la Escritura también busca que se aplique y ponga en práctica la instrucción del texto.

CONFESANDO NUESTRA FE EN EL CONTEXTO DE LA ESCRITURA

El Pacto no espera que sus miembros se adhieran a ninguna profesión de fe determinada, como lo hacen otros cuerpos eclesiales. El Pacto sí valora los credos históricos, y lo hace en forma de confesión en el contexto de la Escritura. Por esta razón la Escritura es de suma importancia. La autoridad y la fuente fundamental de la teología, no es ni credo ni profesión de fe sino la Escritura misma, porque nos comunica el mensaje de Dios. En ella descubrimos quién es Dios, quiénes somos nosotros, y a través de ella aprendemos todo sobre la vida que Dios ha dispuesto para nosotros. Especialmente cuando no hay un credo establecido, la Escritura y un examen cuidadoso en su interpretación—la hermenéutica—es crucial. Tal vez en esto es donde más ha fracasado la iglesia. Hemos afirmado la importancia de la Escritura, pero sin darle mayor atención, sin tratarla con el cuidado y las condiciones que la Escritura misma fija, y sin hacer caso a su instrucción. Hemos hablado acerca de la centralidad de la Escritura, pero hemos olvidado enseñar a la gente qué hacer para que la Escritura sea central, para entenderla, y para saber cómo *vivir* el texto.

"¿Dónde está escrito?" era la pregunta que reiteradamente los primeros pactistas se hacían porque querían estar seguros de que sus creencias y prácticas estuvieran de acuerdo con la Palabra de Dios. Ellos buscaban una fe viviente, y la Biblia era el medio más importante para lograrlo. Ellos sabían que la interpretación de la Escritura es un *acto de adoración* a Aquel que hace que nos veamos a nosotros mismos como realmente somos. La Biblia es, como los pactistas han reconocido por mucho tiempo, un altar donde nos encontramos con Dios, y su lectura siempre ha estado—y debe estar— en el corazón de la adoración congregacional de la Iglesia del Pacto.

Si en la Escritura nos encontramos con Dios, es porque en ella no sólo hay información acerca de Dios. La frase "la autoridad de la Escritura" no es sólo una declaración acerca de la Biblia; y su autoridad no reside solamente en el papel y en la tinta. La frase "la autoridad de la Escritura" indica la autoridad de *Dios*, el Dios revelado en, y obrando a través de la Escritura. Decir que la Escritura es central y autoritaria es usar un *lenguaje de protesta* que se niega a permitir que otros impongan sus opiniones sobre cómo es la vida y cómo debe ser. Durante la Reforma, la protesta era contra la Iglesia católica. En nuestros días la protesta debe ser contra los mandatos y la idolatría de nuestra sociedad. Solamente Dios, revelado en Jesucristo, tiene la autoridad, la sabiduría, y la buena voluntad para dirigir nuestras vidas.

Al fijar nuestra mirada en Jesucristo, de ninguna manera denigramos o devaluamos el Antiguo Testamento, como lo hizo Marción, el hereje. Todo lo contrario. Nosotros afirmamos que los sesenta y seis libros de la Biblia son la Escritura en su totalidad, y que ambos testamentos tienen la misma autoridad en el canon. Ambos testamentos guían el culto, la adoración y la vida de los cristianos. Hay enseñanzas maravillosas en el Antiguo Testamento, enseñanzas acerca de la Creación, el mandamiento de amar a Dios y al prójimo -crucial en las enseñanzas de Jesús y de la primera iglesia-, la instrucción moral sobre la ley, el llamado profético a la justicia y las expresiones proféticas de esperanza, las alabanzas y los lamentos de los Salmos, y los proverbios de sabiduría para la vida. Jesús y los primeros cristianos dieron por sentado que la enseñanza del Antiguo Testamento tenía toda la autoridad.

El Nuevo Testamento desarrolla el relato predominante del Antiguo Testamento, enlazándolo con el esperado cumplimiento del mensaje acerca de Jesús el Cristo. Como lo indica Hebreos 1:1-

2, Dios habló de varias maneras y en otras épocas por medio de los profetas. Pero Dios habló de manera decisiva y culminante por medio de su Hijo. La realidad de la revelación de Dios en Cristo da sustancia y significado a la historia del Antiguo Testamento, y llega a ser clave para entender esa historia de tanta antigüedad histórica. Las enseñanzas del Antiguo Testamento adquieren un nuevo significado, especialmente a la luz de la cruz y la resurrección.

La relación entre la revelación, la Escritura, y Cristo como Palabra de Dios es importante. Jesús es Palabra de Dios en un sentido en que la Escritura no lo es. Él es Palabra de Dios porque él es la revelación suprema de Dios y, con el Espíritu, un agente que relaciona a Dios con el mundo. Incluso Apocalipsis 19:13 dice que su nombre es "el Verbo (o la Palabra) de Dios". Juan 1:1-18 y Hebreos 1:1-4 también se enfocan en Jesucristo como la Palabra, el creador y el revelador supremo, y el medio que Dios utiliza para comunicarse con nosotros. Creemos que la Biblia es la Palabra de Dios porque ésta nos comunica la Palabra viviente, Jesucristo. Sin embargo, no podemos tener la revelación en Cristo sin la palabra escrita. Sin la Escritura no conocemos a Jesús como la Palabra encarnada, y tampoco conocemos mucho acerca de Dios. Por supuesto, aunque la Creación es una fuente de revelación, no nos dice mucho acerca del carácter de Dios y de su propósito redentor. El texto se mantiene como Palabra de Dios, como el acceso—con la ayuda del Espíritu Santo—a la revelación fundamental en Jesucristo.

LA ÚNICA REGLA PERFECTA DE FE, DOCTRINA Y CONDUCTA

En el pensamiento pactista, la Escritura es central porque es "la única regla perfecta de fe, doctrina y conducta". Las afirmaciones del Pacto usan cuatro veces esta declaración, una declaración que con facilidad puede entenderse mal, en especial cuando pensamos en aquellos pasajes problemáticos y violentos de la Biblia. El origen preciso de la afirmación pactista no es claro, pero ciertamente es una extensión del principio de la Reforma de *sola scriptura* (solo las Escrituras), semejante a la intención que declaran otros movimientos.[5] Desde que se organizó el Pacto en 1885, las "Reglas para el Pacto Misionero Evangélico Sueco" enumeraban primero, el nombre de la organización, y segundo, la profesión de fe, contenida en una sola oración: "El Pacto confiesa que la Palabra de Dios, la Santa Escritura del Antiguo y Nuevo Testamento, es la única *regla* perfecta de fe, doctrina y conducta".[6] "Conducta" podría ser traducida [del sueco] más apropiadamente como "vida".

Con la palabra "regla" se hace referencia a una guía, el indicador por medio del cual se mide lo que debe ser y hacer. La palabra regla fue usada a lo largo de la historia para referirse a la Escritura, a un credo, y aun al ministerio. Con "perfecta" se intenta decir "completa" en el sentido de que es todo lo que se necesita, lo que Dios desea. No es necesario que busquemos en otra parte para encontrar lo que es necesario para la vida. A esta regla no se le debe añadir nada más—no es que no haya información de provecho en algún otro lugar, sino que ninguna otra información es *necesaria* para establecer una relación con Dios y para vivir en relación con él. Con "única" es obvio afirmar que no existe otra comunicación que funcione a este nivel. Sin embargo, *sola scriptura* no significa que nosotros usemos solamente la Biblia. Nadie hace eso. Significa, como los teólogos lo han sostenido por mucho tiempo, que la Escritura es la *"norma que norma"* (en latín, *norma normans*), el estándar por el cual se mide todo lo demás. La sola Escritura es el estándar con el cual medimos qué tan cerca o lejos estamos en cuanto a fe, doctrina, y conducta, de lo que Dios espera de nosotros. Todos los pensamientos sobre Dios y la vida, son entendidos y evaluados en conformidad a la Escritura. Lo que necesitamos para crecer en nuestra relación con Dios, lo que necesitamos para guiar nuestros pensamientos sobre de Dios y el mundo, y lo que necesitamos para disponer y organizar nuestras vidas, está determinado en la Escritura. Aparte de la Escritura, no existe ningún otro patrón para cumplir la difícil tarea de responder, adecuadamente, a estas necesidades. Entendemos que hay textos difíciles, pero no hace falta ninguna otra plantilla para entenderlos. La Escritura es la única regla perfecta de fe, doctrina y conducta. La Escritura es el principio organizador que usamos para dirigir nuestros pensamientos y manera de vivir, es la *autoridad* final en todos los asuntos de fe y existencia, la que evalúa todo.

Es verdad que la Biblia no nos dice todo lo que necesitamos saber, pero pone los límites y establece el perímetro dentro de los cuales debemos vivir, crecer, analizar, aprender, pensar y actuar. La Escritura responde a las preguntas fundamentales de la vida: ¿Es el mundo una creación o una casualidad? ¿Existe Dios o estamos solos? ¿Le importamos a Dios? ¿Existen otros seres semejantes a nosotros? ¿Cómo debemos vivir en relación con Dios, y en relación unos con otros? ¿Somos responsables de todo lo que hacemos? ¿Por qué estamos aquí? ¿Hay esperanza? Si desapareciera la Escritura, ¿cómo responderíamos a cualquiera de estas preguntas? La ciencia no tiene las respuestas, Hollywood no tiene las respuestas, Wall Street [los intereses financieros controladores de los Estados

Unidos] no tienen las respuestas, los gobiernos no tiene las respuestas, tampoco las tiene cualquier otra persona. Sin las Escrituras, y sin Dios, el responsable del contenido del texto bíblico, la ética no tendría sentido El problema es que nuestras iglesias y nuestra sociedad desean tener como norma el marco de la Escritura, adoptarla como un esquema que lo abarque todo, pero no se interesan en apropiarla en sustancia y forma para que en realidad sea central, e informe y dirija la vida.

Las respuestas a tales preguntas tienen relación con el Dios bondadoso y misericordioso, revelado en Jesucristo, y quien desea que haya verdad y justicia. La Escritura nos da lo que necesitamos para la vida: verdad, justicia, amor, misericordia, compasión y esperanza. En el proceso nos enseña cómo tratar con nuestro propio ego, la fuente del pecado. La Escritura es la única regla perfecta porque nos dice quién es Dios y quiénes somos nosotros; lo que Dios ha hecho y hará, y lo que debemos hacer. Nos da los materiales para moldear nuestra identidad en una dirección positiva y esperanzadora, a pesar de la negatividad que haya en nosotros mismos. Como cristianos se nos pide formar nuestra identidad según la identidad de Dios y la historia de Cristo—especialmente su muerte y resurrección. La Biblia es un documento moldeador de la identidad. Es contracultural. Rechaza aceptar la identidad que la sociedad quiere imponernos, y nos invita a ser quienes Dios dice que somos.

El asunto siempre será, ¿qué nos dice el texto sobre la identidad de Dios y sobre nuestra propia identidad? Decir que la Escritura es central es decir que esta colección de libros ancestrales determina nuestra identidad. Nos dice quiénes somos delante de Dios y qué es lo que debemos hacer, no solamente en forma general, sino cómo debemos actuar cada día de nuestra vida. La Escritura nos dice cómo debemos entender el mundo en el que vivimos, qué hacer cuando fracasamos junto a otros, cómo debemos vivir en relación con otros, sea que estén o no de acuerdo con nosotros. El texto nos dice quiénes somos, a dónde y a quién pertenecemos, cómo nos integramos en la historia de Dios y en lo que Dios sigue haciendo, qué es lo que debemos hacer, y hacia dónde nos dirigimos. Como alguien dijo, desciframos la vida en el espejo del texto. Se nos pide situarnos en la historia continua de Dios con su pueblo Israel, con Jesús y con la iglesia, y vivir con base en esa narración. Todo es parte de una historia mucho más amplia.

Consiguientemente, la Escritura nos señala los errores y cuáles son sus consecuencias. Nos muestra la humanidad a través de Jesús, y nos muestra cómo debe ser y cómo debe actuar el ser humano. A través de Jesús podemos conocer quién es Dios. La Escritura nos muestra que Dios tiene un propósito, que él es fiel, y que cumplirá sus promesas. Nos da sentido de valor, nos da una labor a cumplir, y nos lleva a reconocer la necedad y todo lo que carece de sentido en la existencia humana sin Dios. La Escritura confronta el mal en nosotros, así como, la violencia y la injusticia en el mundo, y nos anima a abandonar ese patrón de conducta. Si esto parece demasiado personal y egocéntrico es porque lo es; de otro modo no tendría efecto. Al dirigirse a nuestro verdadero yo, la Escritura, siendo la voz de Dios, nos invita a abandonar nuestro egocentrismo, y nos enseña a alabar a Dios para que descubramos cómo ser íntegros más allá de nosotros mismos.

La Escritura es central por otras razones. La Escritura es central porque el Espíritu la usa para transformar nuestro ser porque sabemos que necesitamos ser transformados. En Juan 6:63, Jesús afirma que sus palabras son Espíritu y son vida, eso es lo que significa que "el Espíritu da vida". La Biblia es *la fuente, el patrón, y el poder* (o el catalizador) de la verdad, el fundamento para la existencia porque revela con claridad a *Aquel* que es la vida. Es la fuente de la verdad porque nos habla de las realidades y acontecimientos verdaderos, y del verdadero carácter de Dios. También es el patrón de la verdad porque nos muestra *qué* es la verdad y *qué* es el error; a la verdad se le debe imitar y al error se le debe evadir. Las Escrituras tienen el poder para consumar la verdad gracias a la obra del Espíritu en ella en la vida del ser humano.

Tenemos que preguntarnos cuál es nuestro guión. Todos seguimos un guion -unas directrices-, el cual recibimos de nuestros padres, o de la sociedad, o quizás es un guion que escribimos de forma personal, seguramente plagiando reglas y normas de otros. ¿Debemos confiar en el autor del guion que seguimos? ¿Es la Palabra de Dios el guion central para nuestra vida o lo hemos sustituido por otro?

Un enfoque a la centralidad de la Escritura puede parecer simplista, pero no lo es. Vivimos en un mundo complicado y, claro es posible que algunos usen la Biblia de manera injusta o equivocada para evitar la complejidad de la vida. En realidad, la Biblia, si la observamos justamente, nos anima a tratar con la complejidad de la vida. La Palabra de Dios no es de ninguna manera simple y no da respuestas simplistas.

No obstante, creer en la centralidad de la Escritura no es suficiente. Muchos, a través de los siglos, han creído en la centralidad de la Escritura, pero han terminado con creencias y acciones no ortodoxas. Por ejemplo, una secta donde se acepta la poligamia puede sostener la centralidad de la Palabra. Pero es un hecho que es imposible aplicar la Escritura de forma mecánica o como una mera fórmula. Necesitamos un ancla y una guía hermenéutica que nos lleve en la dirección correcta. Para Lutero, esa guía para interpretar los textos bíblicos era cristológica. Él interpretaba la Escritura basándose en lo que transmite o promueve a Cristo. Insistió en que toda interpretación bíblica tenía que conformarse al ejemplo, las enseñanzas y el propósito de Cristo. Para otros, en cambio, la guía hermenéutica era la regla de fe, el credo derivado de las Escrituras. El documento referente del Pacto: "La Iglesia del Pacto Evangélico y la Biblia" señala que el Pacto lee la Escritura de acuerdo con ciertas pautas: *fielmente, en comunidad, rigurosamente, con tolerancia, de modo holístico, y con compromisos esenciales a la gracia, la transformación, y la misión.* Estas son pautas dignas de confianza, porque cada una de ellas proviene del fondo de la Escritura. En su conjunto nos muestran que necesitamos ser sabios al desarrollar nuestra teología, el significado de la salvación, y las implicaciones de la salvación en cada ámbito de la vida.

Algunos textos son difíciles o problemáticos, y la iglesia necesita una gran destreza en el manejo de su Escritura. Hay una constante interacción entre lo que es entender los textos, pensar teológicamente, y entender cómo interpretamos los textos, para que nuestras lecturas posteriores estén mejor fundamentadas que nuestras lecturas anteriores. Las conclusiones teológicas y exegéticas frecuentemente nos obligan a dar marcha atrás para ajustar nuestra hermenéutica antes de dar el siguiente paso.

Las pautas que emplea el Pacto para leer la Escritura, y la sabiduría para hacerlo, establecen la dirección tanto para la instrucción que ofrece el seminario como para la vida de las iglesias. El Seminario Teológico de North Park, seminario del Pacto Evangélico, requiere el estudio de los idiomas girego y hebreo a los que los matriculados en el programa académico que cursan el grado de Maestría en Divinidades, grado que asume recibirán a las personas ordenadas al ministerio de la Palabra y el Sacramento. Así podrán dar una cuidadosa atención a todo lo relacionado con el texto bíblico, junto con los comentarios bíblicos y tratados teológicos de eruditos. Aun con todo lo anterior, los expertos en la interpretación no tienen la última palabra. Nuestro énfasis en el sacerdocio de todos los creyentes requiere que todos los cristianos tengan un serio compromiso con la lectura de la Biblia. Leemos en comunidad, sabiendo que aun los que están mejor informados necesitan de la comunidad para entender el texto, así como la comunidad los necesita a ellos. Esta interacción entre los líderes y el pueblo asume un enfoque enriquecido en la lectura de la Escritura en comunidad, y un diálogo acerca de la Escritura. Sin este enfoque comunitario no podemos afirmar que la Escritura sea central.

Además, ninguna teoría de inspiración particular es aceptada por el Pacto como *la* teoría, ni para el seminario ni para las iglesias. Como ya se dijo, ninguna teoría trata de manera exacta el carácter variado de los escritos bíblicos. La verdad y la autoridad de la Escritura, y la atención que se le da son cruciales y además no negociables, tanto para la Iglesia del Pacto como para los miembros de

la facultad del Seminario. Todas nuestras convicciones sobre la vida y la comunidad tienen su fundamento ahí.

MÁS QUE BÍBLICO

No tenemos ninguna autoridad más alta que la Escritura, pero ser bíblico no es suficiente. Uno puede ser bíblico y estar equivocado, y la iglesia a menudo lo ha estado, como es evidente cuando hablamos de la esclavitud o cómo se ha entendido la autoridad humana. Hemos leído la Escritura de un modo que hemos controlado el mensaje en vez de escucharlo, y no hemos permitido que el mensaje nos transforme. No podemos afirmar que creemos en la centralidad de la Escritura y al mismo tiempo disimuladamente querer controlarla. Buscamos controlar la Escritura cuando la leemos de manera selectiva, leyendo solamente los textos que nos gustan, textos que consideramos seguros y que no importunarán nuestra vida. Controlamos la Escritura por la dureza de nuestro corazón y porque no somos sensibles al texto. En vez de controlar la Escritura, necesitamos ponernos bajo el control del Espíritu y bajo la Palabra de Dios entendida e interpretada rigurosamente. Afirmar la centralidad de la Escritura es sostener que ella nos controla a nosotros, y no nosotros a ella.

Tampoco es suficiente declarar que creemos en la centralidad de la Escritura, porque rara vez funciona como central en la sociedad moderna. La Escritura es central solamente cuando se le da atención consistente en comunidad, es estudiada en comunidad, y es puesta en práctica en comunidad. Las encuestas muestran que las iglesias no desafían a la gente lo suficiente, y no enseñan la Escritura de forma adecuada. La gente desea y necesita centrarse en la Escritura, porque la Biblia es el catalizador más poderoso para el crecimiento espiritual. El Antiguo Testamento exigía a los israelitas atarse porciones de la Escritura en los brazos y llevarlas en la frente como recordatorios de que la Escritura debía dirigir tanto sus acciones como su pensamiento (ver Éxodo 13:9, 16; Deuteronomio 6:8-9; 11:18-21). Ellos sabían que la Escritura debía ser central. Nosotros no insistimos en la observación literal de esta práctica, pero necesitamos encontrar maneras convincentes para lograr que la Escritura sea central en todo lo que exige nuestra atención, forma nuestro pensamiento, y dirige nuestra acción. El hecho de que esas porciones de la Escritura fueran llevadas en la frente y atadas en los brazos es instructivo. Con mucha frecuencia somos culpables cuando separamos el pensamiento de la acción, como si tener buenos pensamientos o contar con una teología adecuada fuese suficiente. El pensamiento y la acción, en últimas, son inseparables, por lo tanto, lo que pensemos será lo que dirigirá nuestras acciones. Ese fue el enfoque de los primeros pactistas que insistían en que la fe tenía que ser vivida.

LEYENDO EN RELACIÓN CON TODA LA ESCRITURA

Decir que la totalidad la Escritura es central, no quiere decir que todos los textos tengan la misma relevancia o valor. Ninguno de nosotros ve la Escritura así. La Escritura es como una colcha multicolor, con varias capas de diferentes texturas. Muchas personas tienen problemas con la Escritura precisamente en este punto: no se dan cuenta de la variedad que hay en ella, y menos de los múltiples propósitos que tiene. Es legítimo aceptar que algunas partes de la Escritura tengan preferencia. Al Nuevo Testamento le damos la debida prioridad, y esto no desmerita el Antiguo Testamento; al contrario, el Nuevo Testamento dirige la lectura del Antiguo Testamento. Algunos textos de la Escritura son de menor relevancia directa, porque tienen un lugar particular en los hechos anteriores de la historia, pero son hechos que han surgido de manera culminante en la historia de Jesús. Todo el texto es para todos, pero no de la misma manera como lo fue, por ejemplo, para los israelitas. Leemos cada pasaje bíblico fijándonos en cómo se relaciona con el resto de la Escritura y las acciones de Dios en la historia. La iglesia siempre ha destacado determinadas secciones: por ejemplo, el Nuevo Testamento cita principalmente a Génesis, Éxodo, Deuteronomio, los Salmos, Isaías, y pasajes adicionales como las promesas en Zacarías, Daniel 7, y Jeremías 31. Pero muchos otros textos no se mencionan en el Nuevo Testamento. Esto no quiere decir que no sean importantes; lo que sucede es que tienen una relación diferente con la historia bíblica más amplia.

No toda la Escritura enseña sobre cómo debemos vivir. Muchos temas de la Biblia, en particular ciertos textos complejos, solo revelan cómo era y cómo es la vida. Si estudiamos debidamente la Escritura en todo su contenido, veremos que estos textos difíciles a veces no son tan problemáticos como creemos. La meta es descubrir siempre la intención divina para la humanidad. Las pautas para la lectura de la Escritura, dadas en un documento referente del Pacto y esbozadas previamente en este capítulo, evitan la lectura de pasajes aislados, y la lectura demasiado literal. Podemos leer textos difíciles dentro del contexto de la Escritura y en todo su contenido, y descubrir, por ejemplo, que no debemos practicar el genocidio o masacrar a los enemigos. Jesús usó una hermenéutica profética de amor; un enfoque al mensaje profético y al mandamiento de amar a Dios y al prójimo. Y si nosotros usamos esa misma hermenéutica, leeremos la Escritura de forma integral, para entender el carácter de Dios y comprender la intención que Dios tiene para la humanidad.

Cualquier declaración individual de la Escritura no es, en sí, la Palabra de Dios. Cada texto, inclusive el que parezca muy claro, para poder ser entendido necesita de la totalidad de la Escritura. Algunas veces utilizamos pasajes específicos, de forma especial y les damos el reconocimiento de ser la palabra de Dios, especialmente aquellos textos que son favoritos. Pero cada texto específico tiene su lugar en el conjunto total del libro, en la narrativa de lo que Dios ha hecho con el pueblo de Israel y con Jesús, y en el canon general; en suma, en la integridad de la Escritura. Necesitamos el texto completo para entender los textos individuales, los cuales son Palabra de Dios debido a que están insertados en el resto de la Escritura. La totalidad de la Escritura es la Palabra de Dios, y no partes de ella por sí solas. No podemos atesorar esos fragmentos de la Escritura que nos gustan, y olvidar que el resto de ella tiene su propio lugar en la historia de Dios.

Se requiere fidelidad a la totalidad del texto. Esto quiere decir que también debemos leer fragmentos que son menos directos para aprender de ellos. De manera colectiva, observamos con atención de qué forma leemos. Y de manera consciente elaboramos una hermenéutica y una teología que nos aclaran el porqué de nuestra manera de leer y aplicar el texto. Los textos difíciles deben recibir más, y no menos, atención. No cabe duda, que somos selectivos, pero debemos también ser equitativos, y estar dispuestos a ser hermenéutica y teológicamente informados por la Escritura misma.

UNA TRAYECTORIA DE LA REVELACIÓN

La centralidad de la Escritura requiere que reconozcamos que hay una trayectoria de la revelación la cual dirige nuestra hermenéutica. La Escritura tiene un movimiento y una dirección en su relato, y un progreso, incluso un crecimiento, en la doctrina. Un ejemplo de este movimiento y progreso es el cambio en el sistema sacrificial en el Antiguo Testamento, el cual acabó los sacrificios un tiempo después de la cruz y Pentecostés. La forma como el Antiguo Testamento decretó el trato de los esclavos fue un movimiento en oposición a la forma como ellos fueron tratados en el mundo antiguo. El Nuevo Testamento enseñó un trato y una actitud diferente hacia los esclavos, y señaló una conducta que cambió por completo la noción de la esclavitud. La forma bíblica de entender a Dios involucra un movimiento con una dirección que va más allá de la Biblia misma, y que lleva a la iglesia a elaborar conclusiones acerca de la Trinidad. El Pacto también ve el ministerio de las mujeres como un movimiento con una trayectoria que empezó en el Antiguo Testamento con personas como la jueza Débora y la profetisa Hulda; esa trayectoria se extendió en el Nuevo Testamento por medio del ministerio de mujeres. Leemos de modo holístico para entender los trazados sobre los cuales la Escritura se mueve. Leer de modo holístico evita que ignoremos los textos más antiguos. Al contrario, requiere que sean entendidos en su conjunto, lo cual permite que un texto ayude a interpretar o contextualizar otros textos. Además, un enfoque a la centralidad de la Escritura evita que se haga una lectura que hace caso omiso de textos explícitos, o que se ignoren por completo. A raíz de todo esto, vemos que tener una posición bíblica justa y equilibrada, es una tarea desafiante, pues debemos tener mucho cuidado al acercarnos al texto. Muchas partes de la Escritura son difíciles, y pueden desconcertarnos o angustiarnos. Algunas veces nos encontraremos frente a temas en los que percibimos tensión, temas como la gracia y la responsabilidad, la soberanía divina y el libre albedrio, o la fe y las obras. Nuestra tarea como comunidad de la iglesia, como lectores, es tratar de manera adecuada al texto en su integridad, estar dispuestos a escuchar el texto, a leer en comunidad, y a ser formados por la Escritura para poner en práctica su instrucción. Ser bíblico puede ser difícil, pero no desmesuradamente problemático. El texto es por lo general suficientemente comprensible. Muchas veces observamos que el problema con la Escritura no es lo que no entendemos, sino lo que sí entendemos, pero fracasamos en vivirlo.

EL RETO DE LA CENTRALIDAD DE LA ESCRITURA

¿Cómo se puede tratar de forma apropiada la centralidad de la Escritura? Si afirmamos que la Palabra es central, debemos tomarnos tiempo para la lectura colectiva y para la lectura privada de la Escritura, y no conformarnos con un estudio superficial y sin un compromiso serio. La centralidad tiene que ver con el tiempo, la atención y el poder definitorio (la autoridad) que se le da a la Escritura. La creencia en la centralidad de la Escritura se deriva de la convicción de que la Biblia es un libro de vida (Juan 6:63), el sustento por el cual vivimos. Una metáfora que la Escritura usa para describir el compromiso con ella como el sustento de vida es "saborear la Palabra de Dios". La única razón para "ingerir" la Escritura es porque en el proceso, "saboreamos" al Trino Dios, fuente y sustento de cada aspecto de la vida. El salmista dice: "Prueben y vean que el Señor es bueno" (Salmo 34:8). El ser humano necesita algo más que la comida física, y la Escritura es el medio para obtener el alimento necesario para deleitarse de la vida con Dios. Vivimos de cada palabra que sale de la boca de Dios, como nos dice Deuteronomio 8:3. Otra metáfora es "oír" la Escritura con el corazón. (Ejemplos de esta metáfora están en 1 Reyes 3:9 donde Salomón le pide a Dios, literalmente, "que le des a tu siervo un corazón que sepa oír para juzgar"; y la descripción de Lidia en Hechos 16:14, a quien "el Señor le abrió el corazón para que respondiera al mensaje de Pablo"). Oír con el corazón significa que nosotros no sólo prestamos atención a la Escritura, sino que la recibimos y la obedecemos en lo más profundo de nuestro ser. Creer en la centralidad de la Escritura es vivirla. Ésta siempre ha sido una convicción de los pactistas, y es el reto que aceptamos.

NOTAS

1. Karl A. Olsson, *By One Spirit* (Chicago: Covenant Press, 1962), 532.

2. David Nyvall, *Minneapolis Veckoblad*, 27 de septiembre de 1898, 3.

3. Tomado del Preámbulo a la Constitución y el Reglamento Interno de la Iglesia del Pacto Evangélico.

4. Felipe Jacobo Spener, *Pia Desideria*, traducción de René Krüger y Daniel Beros (Buenos Aires: Instituto Universitario ISEDET, 2007).

5. Ver, por ejemplo, la Confesión de Ginebra de 1536 en J. K. Reid, editor, *Calvin: Theological Treatises* (Philadelphia: Westminster Press, 1954), 26; y El Epítome de la Fórmula de Concordia en 1) Eugenio F. Klug y Otto F. Stahlke, editores, *La Fórmula de Concordia: historia y recopilación*, traducción de Andrés A. Meléndez, Juan Berndt y Erico Sexauer (Saint Louis, Missouri: Editorial Concordia, 1981), o en 2) *Libro de Concordia*,

traducción de Andrés A. Meléndez (Saint Louis, Missouri: Editorial Concordia, 1989).

6. Ver Glenn P. Anderson, editor, *Covenant Roots: Sources and Affirmations* (Chicago: Covenant Press, 1980), 11.

PARA UNA LECTURA ADICIONAL

La Iglesia del Pacto Evangélico y la Biblia: Documento Referente. Chicago: Evangelical Covenant Church, 2008. Disponible en www.covchurch.org/espanol/documento-referente/

Frisk, Donald C. "Revelation and the Word of God." Capítulo 2 en *Covenant Affirmations: This We Believe.* Chicago: Covenant Press, 1981.

Gorman, Michael J., editor. *Scripture: An Ecumenical Introduction to the Bible and Its Interpretation.* Peabody: Hendrickson, 2005.

Marshall, I. Howard. *Biblical Inspiration.* Grand Rapids: Eerdmans, 1983.

Peterson, Eugene. *Cómete este libro: recibe lo que Dios revela.* Miami Gardens, Florida: Editorial Patmos, 2011.

Wright, N. T. *The Last Word: Beyond the Bible Wars to a New Understanding of the Authority of Scripture.* New York: Harper San Francisco, 2005.

PARA REFLEXIÓN Y DISCUSIÓN: CAPÍTULO DOS, LA CENTRALIDAD DE LA PALABRA DE DIOS

1) Los autores declaran que la Escritura es clave principalmente porque ella nos presenta a la Palabra viva, Jesucristo. ¿Cómo ha visto usted esto en su propia vida, en la alabanza, culto y vida comunitaria de su iglesia?

2) Busque Isaías 55:11, 2 Timoteo 3:16, y Hebreos 4:12. Reflexione sobre cómo estos versículos explican la forma en que la Palabra y el Espíritu Santo se relacionan el uno con el otro.

¿Cómo se sabe que la Palabra está viva en la vida de un alguien, en la iglesia, y en el mundo?

3) ¿En qué forma ve usted que su propia identidad está siendo moldeada por la Palabra? ¿Ha habido temporadas en la vida cuando ciertas verdades teológicas de la Palabra han sido de gran importancia para usted, o tiempos en los que ha sido testigo de la formación de la identidad de otros por medio del poder de la Palabra?

4) El autor dice "el ser bíblico no es suficiente," porque aun siendo bíblicos la Biblia puede ser usada en forma equivocada. ¿Puede dar ejemplos de un uso equivocado de la Biblia? En su opinión, ¿cuál es la mejor forma de cultivar, dentro de la iglesia, una comprensión bíblica saludable y bien fundamentada?

5) ¿Ha tenido usted la experiencia de leer la Escritura en comunidad, donde hermanos y hermanas en Cristo interpretan o aplican de maneras diferentes la verdad bíblica? Como consecuencia de esta experiencia, ¿se ha ampliado su perspectiva personal? ¿Ha visto afectada su comprensión de la Biblia?

3

La Necesidad del Nuevo Nacimiento

RAÍCES HISTÓRICAS

"**J**esús está afuera, junto a la puerta—¿por qué no lo invitas a entrar? *"Aunque el peso de tu pecado sea doloroso, él puede restaurar tu vida..., ¿lo dejarás entrar?"* (*The Covenant Hymnal: A Worshipbook*, #327). Estas líneas fueron escritas por un sueco, autor anónimo de himnos. Una notable característica de la vida y el espíritu pactistas a través de generaciones ha sido la inclinación natural por hacerse preguntas entre sí, sobre su relación con Cristo o sobre su deseo conocer a Dios. Mientras algunos elaboraban discursos acusativos sobre la condición espiritual de las personas y les hacían ver su necesidad de conversión, otros usaban preguntas tan sencillas como "¿Crees en Dios y en su hijo Jesús?". Esta pregunta en su esencia puede ser una invitación a compartir con otros nuestra experiencia con Dios y nuestro transitar por la vida, el cual muchas veces es difícil. Esta pregunta, además, honra el misterio de la iniciativa y de la obra regeneradora de Dios, en cada ser humano. Es un eco de lo que Jesús le dijo a Nicodemo sobre la necesidad de nacer de nuevo, pero un nacimiento espiritual. Para algunos, la crisis del alma llega a su fin cuando llega un momento crucial de decisión; otros, necesitan vivir una diversidad de experiencias—a menudo sutiles y que sólo con la perspectiva del tiempo llegan a entenderlas—y es cuando dan testimonio de la misericordiosa y transformadora acción de su conversión hacia Dios. La Iglesia del Pacto acoge este misterio, y reconoce que la respuesta humana de arrepentimiento y de compromiso a una nueva forma de vida, es un testimonio de lo que un Dios compasivo hace y seguirá haciendo a través de la historia.

Carl August Björk (1837-1916) era maestro y zapatero. Fue un gran hombre cuya extraordinaria personalidad inspiraba admiración y respeto; su naturaleza afable le convirtió en líder. A los once años de edad era aprendiz de zapatero. A los veinte años llegó a ser un maestro competente dirigiendo a cuatro jóvenes aprendices, los cuales eran sus empleados. A los diecinueve años se alistó en el ejército—un mundo nuevo—donde aprendió lo dura y difícil que es la vida. Los sábados por la noche, en su comunidad del sur de Suecia, asistía a fiestas siendo él, un diestro violinista. En ese medio el alcohol fluía desenvueltamente; fue una etapa de desenfreno social destructivo. En ese tiempo un grupo de *Amigos de la Misión* se reunían los sábados por la noche para orar y leer la Biblia. En el grupo había un hombre que se dedicaba a la sastrería, era un hombre de estatura baja y muy alegre. Un día buscó la amistad del joven zapatero a quien empezó a hacerle preguntas sobre su vida. Esta amistad surgió en 1862 cuando Björk tenía veinticinco años. Su amigo sastre lo invitaba insistentemente a asistir a las reuniones del grupo de *Amigos de la Misión* que se llevaban a cabo en la escuela. Un día el pequeño sastre lo desafió: *"¡Tienes miedo de venir a estas reuniones!"* Este desafío llenó de curiosidad Björk, un reto que no pudo resistir. *"¿Qué tengo miedo?"* dijo, *"¡Pero si yo te doblo en estatura!"*

Así que Björk fue a la reunión la cual fue muy concurrida; iba preparado para defenderse y discutir. Pero en lugar de eso, durante toda la noche y muy amablemente, no le hicieron caso y claro esto le enojó. Su rabia y frustración aumentaron; estaba contrariado y decepcionado pues nadie le prestó atención. Cuando la reunión terminó los demás salieron tranquilamente. Su amigo el sastre, utilizando una especie de psicología popular, le echó el brazo al hombro para darle una palmadita al enojado joven mientras le decía: *"Pobre pequeño Björk. Pobre pequeño Björk"*. Luego, regresaron juntos a casa. El Espíritu Santo había estado obrando silenciosamente en el corazón del zapatero, porque esa noche en la soledad de su cuarto, entregó su vida a Cristo.

Este relato acerca de otro *"Saulo"* que se convierte en otro *"Pablo"* no es algo fuera de lo común; ha sucedido muchas veces a través de la historia de la iglesia cristiana. El sábado siguiente, Björk se reunió nuevamente con los *Amigos de la Misión*, y trató de persuadir a sus otros amigos para que lo acompañaran. Pronto sobrevino un avivamiento en esa pequeña comunidad, especialmente entre los jóvenes. Dos años después, en 1864, a los veintiséis años, Björk emigró de Suecia a los Estados Unidos. Al poco tiempo recibió un nuevo llamado de Dios. Después de cuatro años fue nombrado pastor de la primera congregación de los *Amigos de la Misión* en Estados Unidos, organizada en el pueblo de Swede

Bend, Iowa (la más antigua congregación dentro de la futura Iglesia del Pacto). Una década después ocupó el liderazgo del Sínodo de la Misión, una agrupación de iglesias que habían sido establecidas por los *Amigos de la Misión*. Para 1885 ya era el primer presidente de la recién formada denominación. Sirvió en ese puesto hasta su jubilación en 1910. Aunque su liderazgo pastoral era distintivo, su conversión mediante las instigaciones que lo condujeron a ella encaja en un patrón común en el movimiento de renovación. Su conversión también revela lo importante que es la experiencia del nuevo nacimiento y su carácter dentro de la Iglesia del Pacto.

Si bien hay diferentes clases de relatos personales acerca de la conversión y las formas como la fe crece en discipulado y servicio, una fuente importante de la literatura popular son las canciones escritas y cantadas, las cuales de forma constante invitaban a la reflexión, conversión y resolución de un compromiso. Esas canciones no solamente identificaban a la comunidad de creyentes, sino que también tenían el propósito de proclamar el evangelio e invitar a otros a probar la nueva vida en Cristo; esas canciones no contienen palabras de juicio condenatorio como "infierno, fuego y azufre". Tampoco promueven el miedo a la ira de un Dios eternamente enojado. Más bien describen a un padre amoroso, tierno y compasivo, paciente y constante en espera de que un hijo pródigo retorne a casa, o un pastor que busca la oveja que se ha perdido—un salvador, amigo y hermano. Estas son también imágenes relacionales, donde la iniciativa de Dios se canaliza por medio de seguidores fieles, que testifican con su vida y acompañan a un creyente recién convertido con paciencia, pero con constancia. Los himnos y cánticos espirituales del patrimonio pactista ilustran hermosamente la frase interrogativa, es decir, las preguntas que en muchas formas expresan la pregunta sencilla, "¿Crees en Dios y en Jesús su hijo?"

Entre los muchos ejemplos, Andrés L. Skoog escribió, ¿"Has encontrado la Perla de gran valor? ¿Es Jesús, el supremo Salvador tu gran amor?, ¿Tienes a Jesús, y en él tu paz?" (*The Covenant Hymnal* [1973], #294). Otro ejemplo para inspirar a otros a entregar su vida a Cristo lo expresa Lina Sandell empleando la analogía de la naturaleza y las estaciones; ver himnario en inglés (*The Covenant Hymnal: A Worshipbook*, #340).

Los creyentes del Pacto saben que es una necesidad que haya un nuevo nacimiento espiritual. En él llegamos a ser, por gracia, personas radicalmente transformadas, y a tener una nueva relación con Dios, con nuestros semejantes y con toda la creación. La persona que nace de nuevo crece y desarrolla una vida de agradecimiento y de obediencia a Dios, y manifiesta cambios en otras áreas de su vida como respuesta a la invitación personal a vivir de acuerdo con los valores del reino de Dios.

3

LA AFIRMACIÓN

Cuando la Iglesia del Pacto afirma que es evangélica, proclama que el nuevo nacimiento en Cristo Jesús es esencial. Enseñamos que "por la muerte y la resurrección de Jesucristo, Dios conquistó el pecado, la muerte y al enemigo (el diablo y su maldad), ofreciendo el perdón de los pecados y asegurando vida eterna a quienes siguen a Cristo".[1] El nuevo nacimiento es más que la experiencia de perdón y aceptación. Es la regeneración y el don de la vida eterna. Esta nueva vida tiene las cualidades de amor y justicia, así como de gozo y paz.

Jesús le dijo a Nicodemo: "De veras te aseguro que quien no nazca de nuevo no puede ver el reino de Dios" (Juan 3:3). Entrar al reino no es sólo tener una sana relación con Dios sino alistarse en el servicio a Cristo. Los propósitos de Dios incluyen la transformación de las personas, como también la transformación del mundo de Dios en un espacio de verdad, justicia y paz.

Como iglesia evangélica creemos que la conversión trae como resultado la vida eterna. La conversión se define como el acto mediante el cual la persona se vuelve, con arrepentimiento y fe, del pecado, a Dios. La conversión incluye un consciente rechazo a una vida pecaminosa e involucra un compromiso de fe. La vida eterna no se nos da sólo por estar de acuerdo con los credos, sino mediante un compromiso personal con Jesucristo.

Esta importante doctrina de la conversión no significa que todos los creyentes tengan conmovedoras experiencias de conversión. Aunque nadie recuerda el momento de su nacimiento físico, el solo hecho de estar vivo es una evidencia de que hubo un nacimiento. Asimismo, una persona puede tener una conversión verdadera, aunque no recuerde el momento de su nuevo nacimiento. La realidad de vivir es la prueba del nacimiento, no el recuerdo de haber nacido.

La voluntad de Dios es que todos sean salvos: "El Señor no tarda en cumplir su promesa, según entienden algunos la tardanza. Más bien, él tiene paciencia con ustedes, porque no quiere que nadie perezca, sino que todos se arrepientan" (2 Pedro 3:9). Sin embargo, es sólo por medio de la gracia de Cristo que podemos ser salvos. Él dijo: "Yo soy el camino, la verdad y la vida—le contestó Jesús—. Nadie llega al Padre sino por mí" (Juan 14:6). Los apóstoles le creyeron: "De hecho, en ningún otro hay salvación, porque no hay bajo el cielo otro nombre dado a los hombres mediante el cual podamos ser salvos" (Hechos 4:12). La Iglesia del Pacto comparte la preocupación de Dios por la salvación de todos, pero acepta la Palabra de Dios que afirma que sólo los convertidos a Cristo Jesús serán salvos. El nuevo nacimiento, sin embargo, es sólo el comienzo de la vida cristiana. Crecer hacia la madurez en Cristo es un proceso de toda la vida llamado *santificación*. Ser formado en Cristo es la meta, tanto para individuos como para la comunidad de creyentes. El Apóstol Pablo sufría como sufre una mujer en proceso de parto, cuando anhelaba que los creyentes llegasen a manifestar el carácter de Cristo en sus vidas (Gálatas 4:19).

En el peregrinaje de ser transformados por el Espíritu Santo a la semejanza de Cristo, el pueblo de Dios vive y expresa su amor hacia Dios y hacia los demás. El crecimiento espiritual saludable y efectivo se da en el contexto de relaciones, tanto en grupos con intereses afines, como en grupos de diversos intereses. El resultado deseado en este proceso de formación está descrito por el Apóstol Pablo: "De este modo, todos llegaremos a la unidad de la fe y del conocimiento del Hijo de Dios, a una humanidad perfecta que se conforme a la plena estatura de Cristo" (Efesios 4:13).

Ser discípulo de Jesús implica una costosa obediencia a todas sus enseñanzas. Tal obediencia, junto a la obra del Espíritu en nosotros, nos capacita para hacer la obra del reino, dando testimonio del evangelio y sirviendo a otros en el nombre de Jesús.

Aunque no hay un estado de perfección final en esta vida, hay un proceso de crecimiento de principio a fin. Este crecimiento es tanto un don de Dios como lo es el don de la vida misma (Gálatas 3:3). Junto al don de la vida y del crecimiento, el hijo o la hija de Dios recibe el don de la seguridad de la salvación y el don de la confianza en la fe. El Apóstol Pablo declara: "Estoy convencido de esto: el que comenzó tan buena obra en ustedes la irá perfeccionando hasta el día de Cristo Jesús" (Filipenses 1:6). Así como no hay nuevo nacimiento sin arrepentimiento y fe, tampoco hay crecimiento espiritual saludable sin una vida de disciplina. La disciplina es el cultivo y el cuidado de la vida espiritual en dimensión personal y comunitaria. La adoración pública, la participación en los sacramentos, la oración, el estudio de la Biblia, el servicio a otros, la mayordomía, la comunión y otras disciplinas espirituales, todas enriquecen el crecimiento del cristiano. Una vida de disciplina nos prepara individual y comunitariamente para un compromiso serio con la obra de Cristo en el mundo. Es por medio de gente transformada, que Dios transforma el mundo, y por eso somos llamados a nueva vida. Una vida de disciplina busca evitar, por un lado, la indiferencia moral y espiritual, y por el otro, el legalismo opresivo.

En su carta a los Efesios, el Apóstol Pablo declara: "En cuanto a la pasada manera de vivir, despojaos del viejo hombre, que está viciado conforme a los deseos engañosos, y renovaos en el espíritu de vuestra mente, y vestíos del nuevo hombre, creado según Dios en la justicia y santidad de la verdad" (Efesios 4:22-24). Aunque la búsqueda de una vida santa no nos gana el favor de Dios, sí le agrada. Además, permite que el Espíritu llene al cristiano de gozo y haga de él un agente efectivo de reconciliación.

REFLEXIÓN TEOLÓGICA

Si usted hubiera visitado una Iglesia del Pacto en el siglo XIX, probablemente lo hubieran saludado con estas palabras: "¿Vives según las enseñanzas de Jesús? o ¿cómo es tu caminar con Dios?" Eran las preguntas preferidas de nuestras madres y padres pactistas, y son preguntas evangélicas. Supone el poder salvífico del nuevo nacimiento en Jesucristo, y al mismo tiempo indaga sobre el continuo poder transformador de Cristo en la vida de los creyentes. El nuevo nacimiento es "necesario" precisamente porque creemos que es salvífico y es la vía para llegar a ser colaboradores con Cristo. El nuevo nacimiento es un regalo de Dios que, como nuestra segunda afirmación lo declara, nos enlista en el servicio a Cristo con el fin de trabajar para la redención de todas las personas. Los que están "viviendo con Jesús" trabajan en nombre de este mensaje de buenas nuevas.

Este capítulo refleja el espíritu de celebración y evangelización del nuevo nacimiento en Cristo, al reflexionar sobre el regalo de la vida eterna, regalo que abarca toda la gama de la obra renovadora de Dios en nosotros. La renovación incluye el nuevo nacimiento, y una vida nueva. El nuevo nacimiento se refiere a la conversión como "el acto mediante el cual la persona, con arrepentimiento y fe, vuelve a Dios, dejando el pecado atrás," como se indica en la segunda afirmación. Se establece un compromiso personal con Jesucristo y un rechazo consciente al pecado. La vida nueva tiene que ver con un proceso que dura toda la vida; es un proceso de crecimiento hacia la madurez en Cristo, es decir la santificación. La vida nueva tiene que ver con la formación para ser discípulos de Cristo. El nuevo nacimiento, la vida nueva y la obra de santificación están relacionados entre sí y son el regalo de gracia hecho por Dios al hombre. La iglesia afirma esta relación por medio del sacramento del bautismo. En forma comunitaria, el bautismo es un rito de la segunda afirmación, respecto a su compromiso con el nuevo nacimiento y la vida nueva, el regalo de Dios y nuestra respuesta, a la conversión y al discipulado. Juntamente con el nuevo nacimiento como conversión, y la nueva vida hacia la formación de discípulos, este capítulo incluye el tema del bautismo, ya que el bautismo une nuestro compromiso personal con Jesucristo con la misión integral de la iglesia. Este compromiso debe manifestar "un compromiso apasionado por la obra de Cristo en el mundo," como lo declara la segunda afirmación.

NUEVO NACIMIENTO: CONVERSIÓN

En Juan 3, Nicodemo se acerca a Jesús y le pregunta qué se necesita hacer para nacer por segunda vez. Jesús le responde en palabras muy familiares para nosotros: "Yo te aseguro que quien no nazca de agua y del Espíritu, no puede entrar en el reino de Dios... Tienen que nacer de arriba" (versículos 5, 7, traducción alterna).

En este pasaje, Jesús le dice a Nicodemo que todos los que creen en Jesucristo, son nacidos de nuevo. Reciben vida eterna porque ellos creen que Dios envió a su Hijo para salvar al mundo del pecado.

Los cristianos creen que este nuevo nacimiento al cual Jesús se refiere es una clase de conversión, ¿pero ¿qué implica esta conversión? ¿Qué dice el Nuevo Testamento acerca de la conversión? ¿Y por qué es "necesaria"? Los escritores del Nuevo Testamento hacen grandes declaraciones en cuanto a lo que se logra por medio de la muerte y resurrección de Jesús. Motivado por el amor ilimitado de Dios por el mundo (Juan 3:16), la muerte de Cristo por nuestros pecados es el instrumento que rompe el poder de "un mundo de maldad" (Gálatas 1:4). La consecuencia última es que la misma Creación será liberada de la corrupción y disfrutará "la gloriosa libertad de los hijos de Dios" (Romanos 8:21). Habrá un cielo y una tierra nueva donde Dios, que ya hizo nuevas todas las cosas, acampará en medio de hombres y mujeres (Apocalipsis 21:1-5). A través de Cristo, Dios está rescatando su Creación, sacándola de las sombras del pecado y de la muerte, a la plenitud de vida. En este contexto proclamamos la necesidad del nuevo nacimiento para todos los individuos y sin excepción. Si los seres humanos, por parte de Dios, deben participar en la recuperación de la Creación estropeada y dañada de la cual forman parte, ellos mismos también tienen que ser hechos de nuevo. Si los seres humanos van a entrar en la vida eterna, también tienen que ser liberados de la muerte. Si los seres humanos serán vivienda para Dios (Juan 14:23, Romanos 8:9), también tienen que ser perdonados y liberados del pecado. Solamente con cambios tan radicales podrá fluir la vida común entre el pueblo de Dios, con la evidente presencia y poder del Espíritu

Santo, el cual da vida y señala la esperanza más inescrutable para el mundo entero (Romanos 8:20, Santiago 1:18).

Por lo tanto, no nos sorprende que el Nuevo Testamento contenga un gran número de metáforas para describir y comparar la conversión con el acto mismo de la Creación. La conversión tiene tanto significado, que el regalo divino original de nacer nos permite comprender de manera análoga el regalo divino de la nueva vida. Pablo habla claramente de la persona en Cristo como una nueva creación (2 Corintios 5:17, Gálatas 6:15). Él también compara el acto de Dios de convertir a los gentiles mediante el propio ministerio de Pablo, al llamamiento de cosas que no son como si ya existieran (Romanos 4:17, 1 Corintios 1:26). La imagen del nuevo nacimiento hace énfasis en la misma verdad. Cuando Jesús dice, "Tienen que nacer de arriba" (Juan 3: 3,7), señala que no hay nada dentro de la existencia humana que sirva de base para una vida nueva en Jesús. Se requiere el regalo de Dios, un nuevo origen y una fuente de vida: "Lo que nace del cuerpo es cuerpo; lo que nace del Espíritu es espíritu" (Juan 3:6). Los que han sido rescatados por medio de la sangre de Jesús de la vana manera de vivir, heredada por los patrones humanos de descendencia (1 Pedro 1:18-19), ahora disfrutan de la esperanza viva concedida en Cristo por el nuevo nacimiento (1 Pedro 1:3). Vivir la conversión es ser formado de nuevo por el Espíritu Santo, a tal grado que es totalmente impropio decir que es la misma persona, pero cambiada, pues no es una persona meramente cambiada sino una nueva persona. La consecuencia del nacimiento de una persona nueva es la muerte de la persona anterior. Para poder caminar en la vida nueva, primeramente, tenemos que participar en la muerte de Cristo (Romanos 6:3, 6).

Pablo dice que como él ha sido crucificado con Cristo, ya no vive él, sino que Cristo vive en él (Gálatas 2:19-20). Aquí se corre el peligro de dar a entender que se se elimina la individualidad. Este es un riesgo que Pablo aparentemente está preparado a asumir. Lejos de indicar que haya una falta de consideración divina por el individuo, la discontinuidad radical de la conversión brota de la obra del Hijo de Dios "quien me amó y dio su vida por mí" (Gálatas 2:20). Seguros en este amor, Pablo y el resto de los escritores del Nuevo Testamento hallan la esencia de ser una persona, o sea el estado al que tiene derecho todo individuo, en el Dios creador, quien primero dio su vida para después darnos vida nueva. Paradójicamente, es solamente al dejar atrás el "yo" anterior a través de la conversión, que el nuevo "yo" puede ser encontrado: "El que quiera salvar su vida, la perderá; pero el que pierda su vida por mi causa, la encontrará" (Mateo 16:25).

Entrar en este nacimiento radical nuevo, es un asunto de fe en Jesucristo: "Ésta es la obra de Dios: que crean en aquel a quien él envió" (Juan 6:29). Semejante fe se enfoca en la muerte y resurrección de Jesús, donde son vencidos el pecado y la muerte; semejante fe nos une con Cristo y nos concede su justicia. En un mundo donde "no hay un solo justo, ni siquiera uno" (Romanos 3:10), la justicia es dada en amor como un regalo de Dios a los que confían en la muerte sacrificial de Jesús (Romanos 3:21-26). De la misma forma que Abraham, quien "creyó... a Dios, y esto se le tomó en cuenta como justicia" (Romanos 4:3, Génesis 15:6), el creyente es declarado justo y se le concede paz con Dios (Romanos 5:1). La imagen es la de un veredicto en una corte de leyes; esto no significa que la justicia que se le otorga al creyente sea una mera ficción legal. Tampoco significa que el creyente es declarado justo, cuando de hecho aún es culpable; no es una transacción barata resguardada por una dadivosa prenda de justicia entregada por Cristo. Porque la justicia de Cristo no es un objeto o una sustancia que él transfiere al creyente. Es, más bien, *parte de quien es*. Él es "nuestra sabiduría—es decir, nuestra justificación, santificación y redención" (1 Corintios 1:30). Es en él que recibimos la justicia de Dios (2 Corintios 5:21). Cuando Pablo habla de la justificación por la fe, se debe entender con el énfasis que él hace sobre la unidad del creyente con Cristo. La fe nos une con Cristo, y logra que su presencia sea una realidad. Y así como él es justo, en él nosotros también somos justos. Por eso la insistencia en declarar la necesidad absoluta del nuevo nacimiento. Cuando Cristo empieza a vivir en la vida de alguien, hay una nueva creación, nacida de lo alto. Esta realidad genera la pregunta conveniente, "¿Vives una vida nueva y según las enseñanzas de Jesús?".

Vivir según los valores de Jesús, o tener un nuevo nacimiento, implica también llegar a formar parte del pueblo de Dios. La necesidad de una vida nueva para el individuo no es basada en la persona que ya existía. Esta necesidad tiene su complemento, a nivel de la comunidad, por una inclinación divina a rechazar cualquier estructura, límites y distinciones humanas. El regalo de la fe en Jesús no toma en cuenta la etnicidad, el estatus social o el género (Gálatas 3:28, Apocalipsis 7:9), sino que descansa sobre la gracia que Dios da libremente, la cual crea un solo pueblo (1 Corintios 12:12-13). La conversión implica entrar en una sociedad que no se basa en ninguna forma de mérito o identidad humana; reconoce como su única base el amor de Dios en Cristo para cada persona. El nuevo nacimiento es nueva identidad. Ser un creyente convertido es permitir que esta identidad estructure las actitudes y ofrezca pautas de comportamiento. Ser convertido es comprometerse personalmente con la vida y obra de la iglesia, mientras ésta busca participar en la expresión del ilimitado amor divino para el mundo. Al hacerlo, la iglesia no hace nada menos que continuar las prioridades que Jesús puso de manifiesto en su ministerio terrenal. El pobre, el cautivo, el ciego y el oprimido son el enfoque de su propósito; ellos son favorecidos por Dios, no por los humanos (Lucas 4:18-19). Este enfoque de Jesús se ve reflejado en su relación con los recaudadores de impuestos y pecadores, en la sanidad de los enfermos, en la liberación de los poseídos por fuerzas demoníacas. El enfoque de Jesús también se manifiesta cuando estuvo dispuesto a soportar la hostilidad y la controversia para que la compasión de Dios fuera conocida por todos. Pero, sobre todo, su enfoque se muestra en el amor que tuvo al entregarse a sí mismo: "Porque ni aun el Hijo del hombre vino para que le sirvan, sino para servir, y para dar su vida en rescate por muchos" (Marcos 10:45). Esto nos provee la más clara imagen de la vida de aquellos que han recibido el nuevo nacimiento. Si el nuevo nacimiento nos une con Cristo, haciéndonos uno con él y con otros creyentes, entonces, creceremos y seremos como él: "Todo árbol bueno da fruto bueno" (Mateo 7:17-19).

Este crecimiento fructífero se da mientras ejercitemos nuestro ministerio como creyentes. Si en el ministerio de Jesús descubrimos la más clara imagen de una vida que ha vencido el poder del pecado, entonces no debe sorprendernos que el nuevo nacimiento se vea manifestado en un discipulado activo. El llamamiento que hizo Jesús a los pescadores galileos fue un llamamiento práctico:

Síganme a una vida que habla de las buenas nuevas y da testimonio sirviendo a otros (Marcos 1:16-20). No es coincidencia que Pablo describa su ministerio como un llamamiento a ser apóstol (Romanos 1:1; 1 Corintios 1:1, Gálatas 1:15). Pero él también usa el lenguaje de llamamiento, para describir la conversión de los creyentes (Romanos 1:7, 1 Corintios 1:24). Aunque hay determinados ministerios en la iglesia para los cuales son escogidas personas específicas, el ministerio tiene que ser compartido por todos. Aquellos a quienes se les ha concedido el nuevo nacimiento deben estar dispuestos a decir, al igual que el apóstol Pedro, quien, a pesar de sus considerables debilidades, con toda sinceridad se atrevió a decir, "¿Qué de nosotros, que lo hemos dejado todo y te hemos seguido?" (Marcos 10:28). Con estas palabras, Pablo no está exigiendo que todos deben pasar por experiencias idénticas. Es más bien un reconocimiento a la obra soberana del Espíritu, que es como el viento. Sopla por donde quiere, y aunque no lo vemos se lo oye silbar y vemos sus efectos (Juan 3:8).

Mientras la analogía de Jesús sobre el viento y el Espíritu llama la atención sobre los límites en cuanto a lo que se puede *decir* acerca del nuevo nacimiento y la conversión, nos alegrarnos al saber que hay muchas y diferentes formas de llegar a conocer a Cristo. Las personas responden a las buenas nuevas del evangelio en variedad de situaciones y espacios. La realidad de que Dios nos ama tanto, que envió a su Hijo a morir por nosotros, es una verdad que muchos llegan a conocer y declarar. Esta verdad universal se convierte en una particularidad especial y personal para cada uno. Sólo necesitamos hacer una lectura del libro de los Hechos para comprobar que la naturaleza del nuevo nacimiento toma formas muy variadas: la conversión del etíope eunuco (Hechos 8:27-39), Saulo de Tarso (Hechos 9:1-19), Cornelio (Hechos 10), Lidia (Hechos 16:14-15), y el carcelero en Filipo (Hechos 16:25-34). Algo importante en todas estas historias es que la conversión es vital para la nueva vida en Cristo, porque los que responden a Dios en fe, son protegidos por el evangelio y transformados por su poder. Jesús les da vida nueva y les encarga: "Por tanto, vayan y hagan discípulos de todas las naciones, bautizándolos en el nombre del Padre y del Hijo y del Espíritu Santo" (Mateo 28:19).

NUEVA VIDA: POR TANTO, VAYAN Y HAGAN DISCÍPULOS

El nuevo nacimiento es esencial para la salvación, pero al mismo tiempo, este nacer de nuevo requiere una nueva manera de vivir; es lo que llamamos discipulado cristiano. El discipulado tiene que ver tanto con el crecer en Cristo (santificación) como con la proclamación de las buenas nuevas de Cristo (evangelismo). Nuestro crecimiento espiritual se produce a través de nuestro sometimiento a Dios, y a otros creyentes; por lo tanto, el compromiso de la iglesia en la formación cristiana es fundamental. La formación cristiana nos capacita para hacer la obra evangelizadora de Cristo, y para ser agentes del perdón y la reconciliación.

Aunque el nuevo nacimiento puede expresarse y afirmarse con un simple testimonio verbal, lo cierto es que, al nacer de nuevo, iniciamos un laborioso viaje de discipulado cristiano. Este emprendimiento se refleja en los cambios auténticos de comportamiento del individuo, en el proceso a largo plazo de comunidades transformadas, y en la historia de toda la iglesia cristiana. Considerado como un recorrido dinámico, la vida nueva en Cristo es más que simplemente llamarse cristiano, o asistir a los cultos y reuniones de la iglesia. Este caminar en su totalidad se convierte en un testimonio único sobre la bondad y la gloria de Dios en nuestras vidas.

La vida nueva en Cristo se caracteriza por la continua obra de salvación en la vida del creyente (Filipenses 2). El poder del evangelio nos abre nuevas oportunidades, a todos los niveles, en cuanto a lo que significa ser una persona: nuestro autoconocimiento (identidad), las contribuciones que hacemos a la comunidad por medio de nuestra conducta (significado), y nuestro sentido de dirección y esperanza (propósito). En cada uno de estos niveles, el evangelio declara: somos valorados como hijos de Dios; tenemos dones y somos participantes primordiales en la obra del reino. Además, tenemos una esperanza que dispone nuestras vidas en una dirección, la cual inclusive desde ya representa la gran gloria de Dios.

En cada etapa de la vida—desde la infancia, la adolescencia, la edad adulta y en los años posteriores—Dios en Cristo nos proporciona los medios para que pongamos en práctica el evangelio, y para que declaremos que ya no somos esclavos de las antiguas tendencias pecaminosas, sino que ahora podemos vivir la gloriosa vida nueva en Cristo. Seamos jóvenes o viejos, no importa cuándo hayamos empezado esa vida nueva, tenemos la oportunidad de poner en práctica nuestra nueva identidad, significado y propósito, para la gloria de Dios. La formación cristiana para personas de todas las edades llega a ser una vocación fundamental de la iglesia. La formación cristiana requiere de una disciplina rigurosa cuyo fin es formar a las personas para que lleven a cabo la laboriosa obra de Cristo en el mundo. Desde la escuela dominical para niños, la preparación de jóvenes para la confirmación, la formación de adultos y la enseñanza bíblica continua, todo esto es un deber de la iglesia. La forma como vemos el mundo y cómo llevamos a cabo la misión de la iglesia será el resultado de una formación espiritual rigurosa. Además, la oración será revestida de un verdadero sentido de la presencia de Dios y de genuina preocupación por otros y por nosotros mismos. El servicio a otros aumentará nuestro criterio sobre la obra de Dios en todo el mundo, y revelará su obra en otros. Servir incondicionalmente a otros, nos proporcionará un fuerte sentido de que representamos las manos y los pies de Dios en el mundo. La lectura de la Escritura proveerá un sentido de la presencia de Dios en nosotros, un sentido consciente de otras personas—los que hablan la Palabra, y para quienes la Palabra habla, y un sentido profundo de ser participantes activos en la historia del mundo. La asistencia a la iglesia tendrá un nuevo significado, porque allí es donde nos reunimos delante de Dios, junto a otros creyentes para alabarle y adorarle, una respetada práctica a lo largo de los años. Además, es en la iglesia donde nos reunimos para la formación personal, y para el servicio mutuo. Todo esto se manifiesta de diferentes maneras de acuerdo con los diversos niveles de madurez cristiana; no obstante, todas son maneras a través de las cuales crecemos en la nueva vida en Cristo. Crecer en esta nueva vida, implica dedicarnos disciplinadamente a todos los aspectos de la formación espiritual.

Tener la experiencia del nuevo nacimiento no significa que automáticamente vamos a vivir a la altura de Cristo. Nuestra tendencia natural es vivir en el pecado. Siempre habrá una lucha entre lo nuevo y lo viejo (Romanos 7). Tal como la vida nueva se manifiesta en cada etapa de nuestro desarrollo (edad) y en cada nivel de nuestra personalidad, (identidad, significado, y propósito), de igual manera se desarrolla una lucha interior entre lo viejo y lo nuevo. Por lo tanto, el proceso de salvación lo debemos abordar "con temor y temblor" (Filipenses 2:12). Todos los días nos enfrentaremos a oportunidades para poner en práctica la vida nueva o seguir en la antigua vida. Algunas veces caeremos, y otras veces Dios será glorificado en nuestra vida. Pero este ritmo no se acaba diciendo "algunas veces pecamos y otras veces no". Si esto fuera verdad, nuestra vida estaría llena de constantes contradicciones entre afirmar el pecado y afirmar a Cristo (Romanos 7:24-25). No debemos quedarnos en el pecado. Es precisamente en el mismo momento y situación de pecado, que Cristo nos provee la forma de arrepentirnos (dar vuelta atrás) y dar testimonio de que el pecado ha muerto y la resurrección de Cristo es real en nuestra vida (Romanos 5, 6, 8). Podemos ser vencedores (Romanos 12:21; 1 Juan 5:1-5), si permitimos que Cristo nos transforme (Romanos 12:1-2) y además si desarrollamos normas sobre cómo ser y actuar, que demuestren que estamos viviendo una vida nueva en Jesús. Cuando pecamos, tenemos que recordar que la gloria y la bondad de Dios se manifiestan cuando nos arrepentimos y confesamos el pecado, y cuando extendemos actos de perdón y reconciliación. Estos actos constituyen el corazón de la vida nueva la cual se demuestra en una nueva manera de vivir y de tratar a otros. Humildes y agradecidos seguimos adelante procurando vivir debidamente la nueva vida en Cristo. Se requiere tiempo, práctica, y disciplina para que nuestra manera de vivir llegue a ser el mayor testimonio sobre el poder de Cristo de transformar vidas.

NUEVA COMUNIDAD: BAUTIZÁNDOLOS EN EL NOMBRE DEL PADRE Y DEL HIJO Y DEL ESPÍRITU SANTO

Una de las características notables del Pacto, es que mantenemos un concepto muy elevado de la conversión, y valoramos soberanamente el sacramento del bautismo, tanto de infantes como de creyentes. Con base en el compromiso del testimonio pleno de la Escritura, el Pacto mantiene la necesidad de una declaración personal de fe. Cuando bautizamos a creyentes, nos regocijamos con ellos porque están encomendando su vida a Cristo. El bautismo afirma el don manifiesto de la gracia de Dios, como dice Juan 3:16, su Hijo es el regalo de Dios. Cuando bautizamos a infantes, nos gozamos de la gracia de Dios que se hace presente y la ofrece aun antes de que la criatura pueda expresar su fe.

El bautismo es la forma por medio de la cual la iglesia celebra la extensa gama de la actividad renovadora de Dios en la vida de las personas y de la iglesia. Sea cual fuere el modo del bautismo—de un infante o de un creyente—el bautismo es la respuesta de la comunidad al regalo del nuevo nacimiento, y es la promesa de formar y acompañar a las personas para que vivan vidas nuevas como discípulos de Jesucristo. Los votos hechos por la congregación afirman la importancia de la santificación hacia el desarrollo de cristianos maduros o, en el caso de infantes, la importancia de un compromiso y dedicación a la formación del niño en medio de una comunidad cristiana. La práctica de los dos bautismos -infantes y adultos- en el contexto de la comunidad tiene la intención de expresar los tiempos de la obra salvadora de Dios— tanto el pasado como el futuro— obra manifestada como un testimonio de algo nuevo para toda la creación. Las confesiones o declaraciones bautismales evocan el pasado porque recuerdan la obra de Dios en la creación, la historia del pueblo de Israel, la encarnación, la muerte y resurrección de Cristo. Además, auguran la actividad continua de Dios hacia el futuro final cuando todas las cosas serán hechas nuevas.

En la acción de Dios revelada en la Escritura para proporcionar la salvación, el bautismo es presentado como la obra de Dios materializada en la creación. Lo espiritual y lo físico (Espíritu y agua) son facetas que abarcan la misma obra divina. Cuando Jesús habla con Nicodemo, e introduce el concepto de un nacimiento "de arriba" (nacimiento "nuevo"), le habla en forma críptica: "Quien no nazca de agua y del Espíritu, no puede entrar en el reino de Dios" (Juan 3:5). Sin embargo, también hay claridad y a la vez promesa. El "reino de Dios" es una nueva era inaugurada por Jesús el Mesías, dentro del reino ya creado. La entrada a este reino dice Jesús, requiere de un nuevo comienzo; es decir, nacimiento por agua y por Espíritu. A través del tiempo los cristianos han entendido que esto implica una respuesta holística, o integral, al evangelio.

Un vistazo al propio bautismo de Jesús ofrece más claridad sobre la realidad del agua y el Espíritu, que están juntos y entretejidos para los propósitos divinos de redención. El relato de Mateo empieza describiendo el llamamiento profético de Juan el Bautista al pueblo de Dios, al arrepentimiento, y la respuesta de las multitudes de Judea que acudían a él: "Cuando confesaban sus pecados, él los bautizaba en el río Jordán" (Mateo 3:6). Este llamado de Juan al arrepentimiento fue una invitación al pueblo de Israel a regresar a sus raíces, al desierto donde Dios les rescató y les dio salvación por medio de las aguas, y por medio del pacto que el estableció con su pueblo. En el desierto, el pueblo de Israel, con las manos vacías tuvo que reconocer que eran completamente dependientes de Dios. Reconocieron que sólo Dios podía hacer por ellos, lo que ellos no podían hacer por sí mismos. Allí en el desierto, en las aguas de renovación, Dios los redefiniría como su pueblo, el pueblo del pacto de Dios. Y es justamente allí, en el desierto donde Jesús empieza su misión y ministerio: "Jesús salió de Galilea al Jordán para que Juan lo bautizara" (Mateo 3:13).

El hecho de que Jesús haya elegido ser bautizado por Juan fue una gestión política escandalosa ya que él ya se había definido como el Mesías prometido, el *Emanuel* nacido de una virgen. No tenía sentido, era como si alguien ¡se lanzara a una campaña política para un cargo alto, y después se inscribiera públicamente en una universidad municipal para tomar una clase básica sobre ciencias políticas! Sin embargo, vemos aquí a Jesús, demostrando aparente indiferencia en cuanto a sus "credenciales," metiéndose en aguas turbias junto al pueblo y la muchedumbre. Juan trata de disuadirlo y dice: "Yo soy el que necesita ser bautizado por ti, ¿y tú vienes a mí?" Jesús le contestó: "Qué así sea así por ahora, pues nos conviene cumplir con lo que es justo" (Mateo 3:14-15). Esta frase, "que así sea," refleja claramente la frase del Creador en Génesis 1, "hágase". El bautismo de Jesús señala un nuevo principio para el mundo y para la humanidad. Jesús tiene la intención de ser Emanuel (Dios-con-nosotros) hasta el fin. Él desciende al nivel de solidaridad con la humanidad caída, sumergiéndose en las aguas del arrepentimiento, para que el plan de Dios pueda ser cumplido y todas las cosas se sujeten al orden dentro de la historia humana. El bautismo de Cristo no es un simple acto teatral; no es un rito vacío de alguna realidad espiritual alterna. Es la esencia misma del plan redentor de Dios para el mundo.

El apóstol Pablo más tarde nos indica que la profunda identificación de Jesús con nosotros en el bautismo llega a ser recíproca en nuestro bautismo: "Por tanto, mediante el bautismo fuimos sepultados con él en su muerte, a fin de que, así como Cristo resucitó por el poder del Padre, también nosotros llevemos una vida nueva" (Romanos 6:4). El bautismo marca un nuevo comienzo, para la misión de Jesús, pero también para todos los que comparten su misión por medio del bautismo. Cristo participa en nuestra vida; al ser bautizado él declara su solidaridad con nuestra naturaleza rebelde, y nosotros, cuando entramos en las mismas aguas santificadas, participamos en su muerte y resurrección a una vida nueva. Por supuesto, este nacimiento no viene solamente de agua, sino "de agua y del Espíritu" (Juan 3:5). La regeneración pertenece a la obra del Espíritu Creador quien ya se movía "sobre la superficie de las aguas" (Génesis 1:2) en el principio de la Creación. Cuando Jesús salió del Jordán, "se abrió el cielo, y vio al Espíritu de Dios bajar como una paloma y posarse sobre él" (Mateo 3:16). Este momento bautismal señala el acto definitivo de juicio y salvación divinos, centrados ahora en la vida de una sola persona. Jesús responde llevando su cruz, empezando la *missio Dei* (el Dios enviado) el Hijo de Dios.

El bautismo marca el comienzo de algo nuevo—una nueva humanidad y un nuevo mundo. En el bautismo, somos incorporados a la vida de aquel que está en plena comunión con el Padre por el Espíritu, tanto así, que su comunión llega a ser nuestra: "Dios ha enviado a nuestros corazones el Espíritu de su Hijo, que clama

'¡*Abba!* ¡Padre!'" (Gálatas 4:6). Así como la identidad de la familia de Cristo llega a ser nuestra en el bautismo, lo mismo sucede en cuanto a la misión de Cristo. Ya que el bautismo es la "ordenación" de Cristo al ministerio, es así mismo, nuestra "ordenación." Todos los que son bautizados para unirse a Jesús (tal como él fue bautizado para unirse con nuestra humanidad) llegan a ser partícipes de su misión para el mundo, a través de su vida, muerte, y resurrección (Romanos 6:3-7). El bautismo abre la puerta a un pleno ministerio sacerdotal para el pueblo de Dios. Esto abarca tanto el nuevo nacimiento como la nueva vida para individuos y para el pueblo de Dios. El bautismo de infantes celebra la iniciativa exclusiva de Dios al extender el regalo de la fe. El bautismo de creyentes celebra el arrepentimiento y la conversión. Las dos formas de bautismo celebran el compromiso con una vida nueva. *The Covenant Book of Worship* [el manual ministerial de la Iglesia del Pacto de Estados Unidos y Canadá] se refiere tanto al bautismo como a la enseñanza, como el proceso de crecer y madurar en la fe, de llegar a ser discípulos (Mateo 28:18-20). Nosotros bautizamos en el nombre de Dios, y al hacerlo declaramos las buenas noticias de que Dios nos llama a su tierno cuidado, inclusive a violinistas aparentemente insensibles como Carl August Björk.

NOTAS

1. Tomada de *The Journey: A Leader's Guide for Discipleship/Confirmation* (Chicago: Covenant Publications, 2001).

PARA UNA LECTURA ADICIONAL

Frisk, Donald C. *The New Life in Christ*. Chicago: Covenant Publications, 1969.

Hooker, Morna D. "Interchange and Suffering." En *Suffering and Martyrdom in the New Testament*. Editado por William Horbury y Brian McNeil, 70-83. Cambridge: Cambridge University Press, 1981.

Lewis, C. S. *Cristianismo... ¡y nada más!* Miami, Florida: Editorial Caribe, 1977.

Petersen, Johanna Eleonora. "The Nature and Necessity of the New Creature in Christ." En *The Life of Lady Johanna Eleonora Petersen, Written by Herself*. Editado por Barbara Becker-Cantarino. Traducido por Francis Oakley. Chicago: The University of Chicago Press, 2005.

Snodgrass, Klyne, editor. *Ex Auditu: An International Journal for the Theological Interpretation of Scripture* 25, Conversion (2009).

_____. *Ex Auditu: An International Journal for the Theological Interpretation of Scripture* 26, Atonement (2010).

Weld, Wayne, editor. The Covenant Quarterly (Covenant Publications) 53-54, A Study on Baptism (Noviembre 1995-Febrero 1996).

PARA REFLEXIÓN Y DISCUSIÓN: CAPÍTULO TRES, LA NECESIDAD DEL NUEVO NACIMIENTO

1) ¿Cómo definiría usted la palabra conversión? ¿Cómo define el concepto del nuevo nacimiento? ¿Cómo relaciona usted estas definiciones a la explicación dada por los autores sobre cómo, en el caso de Cristo, el hecho de ser una persona y sus hechos nos ayudan a vivir en él?

2) Los autores declaran que el nuevo nacimiento lleva a una nueva manera de vivir, al discipulado. En su propia experien-

cia, ¿cómo se relacionan mutuamente estas dos realidades, o cómo se expresan en su vida y en la vida de la iglesia?

3) Lea Filipenses 2:12-13, y reflexione sobre el equilibrio que se logra entre la acción del Espíritu Santo y nuestras propias acciones durante el discipulado. ¿Cuál metáfora o imagen puede ser de ayuda para explicar este equilibrio?

4) Según este capítulo, el discipulado, o la vida nueva, lleva a una nueva comunidad. Desde su punto de vista, entre las características que señalan esta nueva comunidad, ¿cuáles sobresalen? (Básese en los versículos ya citados, o en otros que le vengan a la mente). Con respecto a su iglesia, su comunidad, o su familia, ¿en qué forma se manifiestan estas características? ¿en qué forma sobresale su iglesia, su comunidad, o su familia como una expresión de vida hacia un mundo nuevo? ¿En qué forma este testimonio podría ser fortalecido?

5) Reflexione sobre la importancia del bautismo dentro de la Iglesia del Pacto, incluyendo ambas modalidades (es decir, el bautismo de infantes y el bautismo de creyentes). ¿Cómo compara su experiencia en cuanto al sacramento del bautismo, con el razonamiento teológico y la promesa de vida nueva, que nos ofrece el bautismo, tal como lo describe este capítulo?

4

Un Compromiso con la Misión Integral de la Iglesia

RAÍCES HISTÓRICAS

Desde que comenzó la Iglesia del Pacto, las personas que han pertenecido a esta familia de fe se han llamado *Amigos de la Misión*. Durante los extensos movimientos de renovación del siglo XIX en Europa, un grupo de creyentes vivieron un nuevo nacimiento espiritual. Estos creyentes se consagraron a buscar juntos la nueva vida en Cristo, como una misión, y el nombre que escogieron fue *"Amigos de la Misión"*. Animados por esta pasión, los *Amigos de la Misión* que emigraron a los Estados Unidos, formaron más tarde la Iglesia del Pacto Evangélico. El sentido de misión de este grupo estaba profundamente enraizado en la actividad pietista que se abrió camino en el evangelismo y los ministerios sociales protestantes, tanto a nivel local, como alrededor del mundo. Este espíritu fue captado por Augusto Germán Francke quien, con gran certeza, afirmó que los cristianos deben vivir intencionalmente para "la gloria de Dios y para el bien del prójimo".

Las palabras cinceladas en una piedra colocada en los cimientos del edificio original de la Universidad de North Park en Chicago—un proyecto auspiciado por la promoción de 1911—conservan la afirmación de Francke en forma sucinta: "Para Dios y la Humanidad". Desde entonces, la misión, interpretada como devoción personal a Cristo y compasión por otros, ha sido el centro en la identidad de la denominación.

Hay muchas historias de este compromiso entre los *Amigos de la Misión*, en cuanto a buscar juntos la nueva vida en Cristo. Una historia con un gran legado aconteció cuando apenas iniciaba el movimiento espiritual, y que luego condujo a la formación de la Iglesia del Pacto. Esta historia ilustra el compromiso con la misión integral de la iglesia. María Nilsdotter fue una campesina en una zona rural de Suecia, infelizmente casada con un herrero alcohólico que abusaba de ella. María buscó ayuda del pastor parroquial que era pietista. El pastor, además de brindarle cuidado, la animó a leer la Biblia y algo de literatura devocional, junto con otras mujeres del distrito. Esto la llevó a su conversión en 1846. El esposo, para impedir que María asistiera a los conventículos (pequeños grupos de creyentes), algunas veces la ataba a un poste de hierro de la estufa de la cocina. Poco después de la conversión de María, su esposo murió. A partir de ahí María empezó a pensar sobre cómo podría contribuir a la misión.

En esa época había muchos niños huérfanos que eran vendidos al mejor postor, supuestamente para ser criados y cuidados por familias de acogimiento. En realidad, era una forma de trabajo abusivo y forzado de menores, los cuales vivían en condiciones horrorosas y recibían frecuentes palizas. Junto con Birgitta Olsson, otra viuda, María resolvió rescatar a estos niños de la servidumbre, y comprar a tantos niños como le fuera posible. Así que ella y Birgitta empezaron a coser y tejer y vender prendas para recaudar los fondos necesarios. La familia de María crecía debido a los niños y jóvenes que se iban agregando a su propia familia. Ella logró reunir suficiente dinero para construir un orfanato y después una pequeña escuela al lado de su vivienda. El área era conocida como *Vall* (prado), su granja se llamaba *Nyvall* (prado nuevo), luego llegó a ser conocida y venerada como *Mor i Vall* (Madre del prado). Los edificios de estos orfanatos aún se mantienen en Värmland, y están tan conservados como cuando María trabajó tan fielmente en ellos.

El legado de María no sólo se encuentra en la vida de estos niños, y en la de sus descendientes. Ella contribuyó a la conmovedora conversión de su hijo en 1849, después que él sufriera un accidente que casi le costó la vida, en una explotación forestal. Carlos Johan Nyvall llegó a ser el predicador principal entre los *Amigos de la Misión* en el noroeste de Suecia. Fue uno de los fundadores de la Iglesia del Pacto en Suecia en 1878. El visitó por largas temporadas a los Estados Unidos antes de su muerte en 1904. Su presencia fue muy importante en la organización del Pacto en Chicago, en 1885. David Nyvall, nieto de María, fue el primer presidente de la Universidad de North Park, y el líder intelectual que más contribuyó a la formación de la iglesia. El hijo de Birgitta, compañera de trabajo de María, fue Olof Olsson. Él fue presidente de la Universidad de Augustana en Rock Island, Illinois; uno de los primeros pastores y líderes del Sínodo de Augustana de la Iglesia Luterana; y también un cálido amigo de muchos creyentes del Pacto. La obediencia de una persona a la misión de Dios fue de gran impacto y continúa siéndolo a lo largo de muchas generaciones de pactistas.

Al concluir la famosa Exposición Internacional Columbina de Chicago en 1893, el Parlamento Mundial de Religiones reunió en la ciudad a un impresionante grupo de líderes de las dieciséis principales religiones de ese tiempo. Aunque el Pacto Misionero Evangélico Sueco aún no había cumplido diez años, David Nyvall y otros líderes, representaron al joven movimiento ante la audiencia ecuménica mundial. Un extracto de su reporte dice: "La Iglesia del Pacto no es una organización eclesial en el sentido común; es una sociedad misionera que tiene como miembros a las iglesias. Estas iglesias se han unido, animadas por el espíritu misionero; este mismo espíritu las ha llevado a desarrollar grandes empresas, que ninguna iglesia por si sola puede emprender". Fue una época en la que había entrado un divisionismo discordante dentro del protestantismo.

Así que la presencia de Nyvall en el Parlamento Mundial de Religiones, fue relevante porque presentó su discurso como una gestión desafiante y audaz frente a muchos cristianos (¡incluyendo a algunos pactistas!). Para él y para muchos otros, la identidad misional del Pacto manifestaba una gran devoción a Cristo, la cual iba más allá de las diferencias de credos. Ser un *Amigo de la Misión* significaba poner en práctica la compasión de Cristo, más allá de las barreras étnicas y teológicas. Un compromiso por el evangelismo y la compasión por otros sigue siendo una práctica hoy en día, en el corazón de la denominación.

El ímpetu que motivó a la misión personal y a la misión colectiva de los primeros pactistas, *Amigos de la Misión*, surgió por su gran amor a las Escrituras. En conjunto, la gran comisión (Mateo 28:19-20) y el gran mandamiento (Mateo 22:37-40) fueron clave para los pactistas al considerar su respuesta a la pregunta divina, "¿A quién enviaré? ¿Quién irá por nosotros?" Al igual que Isaías, los pactistas continúan respondiendo, "Aquí estoy. ¡Envíame a mí!" (Isaías 6:8). Otro relato inspirador en la historia misionera del Pacto, es el de Pedro Matson. En 1888, cuando este joven inmigrante sueco trabajaba en la granja de su familia, en el estado de Minnesota, sintió un inconfundible llamado de Dios a entrar al servicio misionero. Ahí al lado de un almiar, Matson tomó un tiempo, se arrodilló en oración ante Dios, y le prometió que lo honraría en obediencia y le pidió que le enviara al extranjero. Si esto no era posible, de todas formas, prometió dar el 50 por ciento de sus ingresos a las misiones. Esta decisión condujo a Matson a la escuela de E. A. Skogsbergh en Minneapolis (que en 1891 se convirtió en la escuela del Pacto, hoy North Park) y a estudiar en el seminario en Chicago. En 1890, a los veintitrés años, Matson fue uno de los primeros misioneros que la Iglesia del Pacto envió a China. Inicialmente, los misioneros pactistas en China trabajaban bajo la supervisión de la misión de Hudson Taylor. Siguiendo las directrices de esa organización, Matson cambió su vestimenta occidental para vestirse como los chinos, internándose al interior de la provincia de Hupeh donde soportó privaciones y hostilidades.* A pesar de los serios retos que enfrentó, Matson logró aprender el idioma mandarín con bastante

---

*Nota del editor: Justo L. González, en su *Historia de las misiones* (Buenos Aires: Editorial La Aurora, 1970), 281, observa lo siguiente: "Sin lugar a duda, el más notable de los misioneros protestantes en China durante el siglo XIX fue J. Hudson Taylor". Taylor (1832-1905) inició la *China Inland Mission* (Misión de la China Interior) en 1865.

fluidez y pudo desarrollar varios ministerios del Pacto, incluyendo evangelismo, educación y cuidado de la salud. Matson mantuvo la visión de la misión integral de la iglesia, confrontando las dificultades sistémicas de sus vidas. El impacto de su ministerio ha moldeado la orientación de la denominación en cuanto a la misión de la iglesia, tanto a nivel mundial como a nivel local.

Posteriormente Matson sirvió como asesor del director de la misión mundial de la Iglesia del Pacto de Suecia, cuando esa denominación empezaba su trabajo en el Congo. En 1934, en la Asamblea Anual de la Iglesia del Pacto de Estados Unidos y Canadá, en medio de una depresión económica mundial, se presentó la moción para que se considerara la apertura de un nuevo campo misionero en el Congo, en conjunto con la obra del Pacto de Suecia. Matson tenía sesenta y seis años, y fue tal su alegría que saltó de su asiento de primera fila a la plataforma, "desahogando toda la pasión de su alma en favor de la nueva empresa misionera, porque estaba completamente seguro de que era una comisión del Señor". Los reportes posteriores acerca de la obra de Dios en el Congo fueron conmovedores.

Por la gracia de Dios el legado de la obra del Pacto en la China, en el Congo, y en muchos otros países, continúa con miembros y congregaciones que exceden en número, mucho más que las estadísticas correspondientes a la iglesia que originalmente había enviado sus misioneros.

El compromiso con la misión integral de la iglesia abarca evangelismo y discipulado, y cuidado de las necesidades físicas, espirituales y emocionales de todos. Nuestro compromiso aboga por la participación plena de las mujeres en el ministerio y el liderazgo.

Nuestro compromiso es por sufrimiento de la creación humana y de la creación, por la cual somos seriamente responsables. Continuamente respondemos al gran mandamiento, haciéndonos la pregunta, "¿Quién es mi prójimo?". Seguimos arraigados en la gran comisión, haciendo la pregunta, "¿A dónde iré?" La visión y la vigilancia del Pacto son constantes, y están establecidas en las palabras de Jesús de buscar al que está perdido, y amar al prójimo en su nombre. El pastor del Pacto Bryan Jeffery Leech, y compositor de himnos, entendió este mandato divino al expresarlo en el himno que compuso sobre la necesidad de amar al prójimo independiente de las barreras de raza y cultura. - ver la versión en inglés en el himnario. (*The Covenant Hymnal: A Worshipbook*, #699)

4

LA AFIRMACIÓN

La Iglesia del Pacto se ha caracterizado siempre por su compromiso con la misión. El primer nombre atribuido a los del Pacto fue: "*Amigos de la Misión*," un grupo de personas que pactaron trabajar juntos en la misión común tanto local como global. Ellos entendieron que el trabajo de la misión era el evangelismo y la formación cristiana, al igual que los ministerios benevolentes de compasión y justicia frente al sufrimiento y la opresión. Este compromiso es un legado del pietismo, el cual sirvió como modelo para comenzar el movimiento misionero protestante. Uno de los primeros pietistas, Augusto Germán Francke (1663-1727), describió esto cuando dijo que el cristiano vive para la gloria de Dios y para el bien del prójimo. En la ciudad de Halle en Alemania, Francke fue quien promovió la fundación y el desarrollo de una universidad pietista que educó a pastores, maestros y misioneros. Los pietistas fundaron allí orfanatos, hospitales, farmacias, una imprenta y una gran biblioteca dedicada a la visión global del servicio cristiano.

En el Pacto seguimos siendo una comunidad de amigos comprometidos con esta misión integral de la iglesia. Jesús dejó claro que, si sus seguidores le amaban, deberían guardar sus mandamientos. "'Ama al Señor tu Dios con todo tu corazón, con todo tu ser y con toda tu mente'—le respondió Jesús—. Éste es el primero y el más importante de los mandamientos. El segundo se parece a éste: 'Ama a tu prójimo como a ti mismo'. De estos dos mandamientos dependen toda la ley y los profetas" (Mateo 22:37-40). Éste es el gran mandamiento. La Iglesia del Pacto también está comprometida con la gran comisión de Jesucristo: "Por tanto, vayan y hagan discípulos de todas las naciones, bautizándolos en el nombre del Padre y del Hijo y del Espíritu Santo, enseñándoles a obedecer todo lo que les he mandado a ustedes. Y les aseguro que estaré con ustedes siempre, hasta el fin del mundo" (Mateo 28:19-20).

Establecida por el evangelio y la gracia de Jesucristo, la iglesia existe por la misión—la gran comisión y el gran mandamiento—tal como el fuego existe por la combustión. La misión de la iglesia es poner en práctica la fe a través del amor; el amor y la fe no se deben separar pues le quitaríamos valor al evangelio. Como representante de Cristo en el mundo, la iglesia debe ser un agente de gracia, encargada del mensaje de reconciliación, esperanza, justicia y paz. Al final de su vida, Jesús llamó *amigos* a sus discípulos, dando a entender que ellos compartían con él una pasión común, su misión en el mundo (Juan 15:13-15). La Iglesia del Pacto, como *Amigos de la Misión*, entiende que primordialmente, la misión es la acción de ofrecer amistad a otros y a todo lo que Dios ha creado, en el nombre de *Aquel* que primero se hizo amigo entre nosotros.

La Iglesia del Pacto, al igual que todos los cristianos, estamos llamados a proclamar estas buenas noticias, a través del testimonio de nuestra vida y nuestras palabras, y mediante el amor y la integridad de nuestras congregaciones. Mediante el testimonio fiel, aquellos que están perdidos logran tener un encuentro con Cristo. A través de actos de generosidad y compasión, se proclama la justicia y se fortalece a los más vulnerables. A través del evangelismo y el amor, buscamos encarnar la presencia de Jesucristo con nuestras acciones, pensamientos, palabras y corazón. Jesús animó a sus discípulos a cargar su propia cruz, a participar con él en el camino del sufrimiento y el servicio, y de esa forma encarnar el ministerio de reconciliación. Así mismo proclamamos la realidad del reino que incluye a todas las personas, en todas las naciones y a toda la creación.

Por lo tanto, la Iglesia del Pacto está "comprometida a derrumbar barreras de raza, etnicidad, cultura, género, edad, y clase, estableciendo así comunidades de vida y servicio".[1] Esta misión pertenece a toda la iglesia, al sacerdocio espiritual de todos los creyentes—mujeres y hombres, jóvenes y viejos, laicos y pastores.

La Iglesia del Pacto busca mantener unida la proclamación y la compasión, el testimonio personal y la justicia social, el servicio y la mayordomía en todas las áreas de la vida. Dios hace nuevas todas las cosas y llama a sus seguidores a participar en esta misión. No podemos ignorar a quienes no conocen ni aman al Señor Jesús, ni a los que padecen pobreza, sufrimiento, desigualdad e injusticia. Mediante la encarnación de Jesucristo, "a Dios le agradó...reconciliar consigo todas las cosas, tanto las que están en la tierra como las que están en el cielo, haciendo la paz mediante la sangre que derramó en la cruz" (Colosenses 1:19-20). Esto da testimonio de la ilimitada pasión de Dios tanto por l almas como por la vida terrenal de todas las personas, y por todo lo que Dios ha creado. Cuando ponemos atención no sólo a las consecuencias sino también a las causas del sufrimiento, estamos poniendo en práctica lo que significa ser el cuerpo de Cristo en el mundo.

4

REFLEXIÓN TEOLÓGICA

En las calles de la India, diariamente se venden niñas jóvenes a sujetos que las esclavizan por tiempo indefinido. En la República Democrática del Congo, las guerras civiles amenazan la vida de los ciudadanos y la estabilidad del gobierno. En los Estados Unidos, casi uno de cada cuatro niños está en riesgo de padecer hambre. Estas injusticias no son nuevas, ni tampoco están limitadas a dichas regiones. Los abusadores, las víctimas, los opresores y los cautivos se encuentran entre nosotros, y, por lo tanto, nos volvemos colaboradores con Cristo, suplicándole a Dios, "Venga tu reino".

La misión es obra de toda la iglesia en favor del reino de Dios. Es trabajar con Cristo por la paz, la reconciliación, la justicia y el evangelismo. La misión es muy amplia e incluye poner en libertad a los cautivos, sanar a los enfermos, dar de comer a los hambrientos, y compartir las buenas nuevas. Es un trabajo integral de toda la vida.

La dimensión integral de la misión se refleja en la Declaración de Visión que sustentan los ministerios del Pacto. La declaración de *CWRD* (Auxilio y Desarrollo Mundial del Pacto) dice: "Nuestro encargo es amar, servir, y trabajar juntos con los pobres, los que carecen de poder, y los que han sido marginados". La *Asociación Paul Carlson*, inspirada por el pueblo congoleño, "trabaja junto a personas que se encuentran en lugares de profunda pobreza para catalizar el desarrollo de comunidades, para que lleguen a ser auto sostenibles a través del desarrollo económico. En este proceso, invertimos en los sistemas sociales necesarios para que haya familias y obreros sanos, sobre todo cuidando la salud y la educación. También nos enfocamos en reparar los sistemas de infraestructura que impiden el desarrollo, tales como transporte, energía, y agua". El Departamento de *Compasión, Misericordia y Justicia* de la Iglesia del Pacto Evangélico se extiende "por muchas partes, al responder a las necesidades nacionales y globales". Este departamento ofrece servicio sobre el cimiento fuerte de la compasión, dirigiendo y coordinando esfuerzos en el área de justicia y así representar y ser el corazón, las manos, y los pies de Cristo". La frase que expresa la visión del Departamento de *Servicio Global* refleja la declaración de la visión de la Iglesia del Pacto Evangélico: "Ver *más* discípulos, entre *más* poblaciones, en un mundo *más* compasivo y justo".

Estas notables declaraciones indican una incontrovertible realidad: la Iglesia del Pacto pone en práctica su fe haciendo misión. Esto es de esencial importancia para nuestra historia e identidad como discípulos de Jesucristo. Lo expresamos de muchas maneras: Para la gloria de Dios y para el bien del prójimo. "Lo que vale es la fe que actúa mediante el amor" (Gálatas 5:6). Es un ministerio de mente, corazón, y cuerpo. Somos pietistas misionales.

Cuando afirmamos el gran mandamiento, participamos en la misión integral de la iglesia. ¿Pero exactamente qué queremos decir al afirmar que somos un pueblo comprometido con la misión integral de la iglesia? ¿Cuáles son las formas teológicas y prácticas de nuestro entendimiento de la misión? Este capítulo reflexiona sobre de la tercera afirmación, la cual examina nuestra teología de lo que significa avanzar el reino de Dios, la centralidad de las relaciones interpersonales y la reconciliación, y nuestra creencia en el evangelismo integral.

AVANZANDO EL REINO DE DIOS

La misión le pertenece a Dios. Como pueblo de la Palabra, los pactistas entienden que Dios es el iniciador compasivo de la misión, y que ya está actuando en el mundo. Dios demuestra el inicio de la misión mediante su actitud, acción y carácter a lo largo de la revelación escrita, tanto en el Antiguo Testamento como en el Nuevo Testamento. La representación más temprana del Espíritu de Dios moviéndose sobre las aguas, describe una compasiva actitud de preocupación la cual anticipaba que, desde el caos, naciera el orden. Este impulso de iniciar una misión de compasión en medio del caos está reflejado en la pregunta que Dios le hace al hombre y a la mujer cuando se escondieron: "¿Dónde estás?" (Génesis 3:9). La actitud misericordiosa de Dios promueve el llamado a la restauración y a la relación, y se extiende hoy a todas las personas que se sienten avergonzadas, culpables, o con aires de superioridad moral, y también a aquellos que están de una u otra forma separados de Dios por cualquier situación. La Escritura registra numerosos ejemplos donde Dios en actos de amor y compasión hacia la humanidad, inicia su misión aún frente al rechazo, la indiferencia, y la desobediencia.

Dios les llama *compañeros de la misión*, a aquellos que demuestran la actitud que él tiene hacia la creación. Los compañeros de la misión necesitan que se les recuerde constantemente que su participación tiene que nacer con actitudes del corazón, y no sólo al sometiéndose a formas prescritas. La pregunta que Dios le hizo a Jonás es para todos los que desean seguir en esta misión: "¿No habría yo de compadecerme?" (Jonás 4:11). El corazón compasivo de esta *Missio Dei* llama a los pactistas a moldear su participación de acuerdo con la actitud compasiva de Dios, con un amor semejante al amor de Cristo.

Juntamente con esta actitud, la Biblia también registra las acciones de Dios, el agente de esta misión. Dios habló. Dios creó. Dios se paseó por el jardín. Dios vio. Dios escuchó. Dios hizo milagros. Dios se hizo como uno de nosotros. Dios también llamó a otros a entrar en acción con la misión, capacitándoles y enviándoles. Abraham fue el primer hombre que Dios llamó de entre los pueblos de la tierra, tanto para recibir bendición, como para ser una fuente de bendición a todas las naciones (Génesis 12:1-3).

Jesús hace eco de este tema cuando dijo: "No me escogieron ustedes a mí, sino que yo los escogí a ustedes y los comisioné para que vayan y den fruto" (Juan 15:16). Somos discípulos en la misión de Dios, llamados a dar el fruto de la iniciación divina del amor.

El llamado a ser discípulos de la misión de Dios está expresado en el gran mandamiento. Jesús dice: "'Ama al Señor tu Dios con todo tu corazón, con todo tu ser y con toda tu mente'. Este es el primero y el más importante de los mandamientos. El segundo se parece a éste: 'Ama a tu prójimo como a ti mismo'" (Mateo 22:37-39). Jesús espera que sus discípulos actúen y por lo tanto invita a la iglesia a acompañarle en su obra redentora, especialmente quiere alcanzar a los que están perdidos y necesitados. Dios quiere que nos preocupemos por los vulnerables y desvalidos, porque ellos representan el mundo por el cual Cristo murió (Romanos 5:6). La iglesia ha estado presente donde haya habido sufrimiento. Desde la comunidad de fe del siglo I (Hechos 2:44-47; 6:1-7; 2 Corintios 8:3-9) hasta mujeres y hombres inspiradores como San Francisco de Asís, Martín Luther King júnior, y la Madre Teresa de Calcuta, la iglesia ha dado testimonio del amor de Cristo, por "los más pequeños" (Mateo 25:40).

La misión está demostrada en el carácter de Dios como el que envía. Dios el Padre envió al Hijo. El Padre y el Hijo enviaron al Espíritu Santo, y la Trinidad junta, envía la iglesia al mundo (Juan 20:21-23). Al Dios enviar la iglesia está reflejando su carácter, un Dios compasivo por un mundo caído y sufriente. La comunidad global del pueblo de Dios, la iglesia, goza del privilegio de ser llamada y enviada por Dios como compañera en la obra de la misión integral a todo el mundo (Hechos 1:8). Por consiguiente, la Iglesia del Pacto también está comprometida con la gran comisión del Cristo resucitado: "Por tanto, vayan y hagan discípulos de todas las naciones, bautizándolos en el nombre del Padre y del Hijo y del Espíritu Santo, enseñándoles a obedecer todo lo que les he mandado a ustedes" (Mateo 28:19-20).

La misión de la iglesia es la fe activa en amor. No podemos separar la fe del amor, ya que se perdería el valor del mensaje de la integral del evangelio. Como representante de Cristo en el mundo, la iglesia debe de ser un agente de gracia, encargada de llevar el mensaje de reconciliación, resurrección, esperanza, justicia y paz. En su esfuerzo para discernir de qué forma Dios nos envía al mundo, el Pacto ha venido participando en muchos ministerios, tanto locales como globales. El primer campo misionero fue Alaska en 1889, y después en 1890, China un poco más de cinco años después del nacimiento del Pacto. Desde entonces, Dios ha enviado a sus siervos para colaborar con otros grupos: República Democrática del Congo (1937), México (1946), Ecuador (1947), Japón (1949), Taiwán (1952), Colombia (1968), y Tailandia (1971). Además, empezando la década de los 90, iniciamos ministerios en numerosos países de África, Asia, Europa y América Latina. Puesta en contexto, esta lista es prodigiosa, pero sólo si reconocemos que somos enviados por Dios y comisionados como sus colaboradores para avanzar Su reino.

Localmente, algunos de los primeros ministerios incluyeron el establecimiento de instituciones de beneficencia. Los pactistas siempre han reconocido la necesidad de que la misión sea integral, es decir que busque sanar el cuerpo, la mente y espíritu de aquellos a quien sirve. Aparte de crear el *Home of Mercy* (Hogar de Misericordia) en Chicago, que más tarde se convirtió en el *Swedish Covenant Hospital* (Hospital Sueco del Pacto), con el paso del tiempo la misión y el ministerio de las instituciones de beneficencia del Pacto crecieron. Se instaló otro hospital *Emmanuel Medical Center* (Centro Médico Emanuel en Turlock, California), casas hogar para niños, comunidades para jubilados, y residencias para adultos discapacitados. Hoy en día el Pacto tiene iglesias que cuentan con clínicas de salud que prestan servicio a habitantes en zonas desfavorecidas. Cada una de estas instituciones fueron creadas como respuesta a la necesidad humana, en el contexto del evangelismo y en favor de la persona a nivel integral: cuidado de los enfermos, asilo para huérfanos, apoyo para ancianos, hogares para quienes no pueden vivir independientemente, y recursos para la salud. A veces Dios nos envía al extranjero, otras veces al interior de nuestro propio país, pero siempre somos enviados para bautizar a todos en el nombre de Aquel que envía—Padre, Hijo y Espíritu Santo—enseñando una vida de obediencia a Cristo, y proclamando las buenas nuevas de vida a todo aquél que encontremos en el camino.

COLABORADORES CON CRISTO: RELACIONES Y RECONCILIACIÓN

El compañerismo contribuye a crear buen evangelismo. Jesús llama "amigos" a sus discípulos porque comparten con él una pasión en común por su misión en el mundo (Juan 15.13-15). Los pactistas, al ser *Amigos de la Misión*, entienden que la integridad de la misión implica ofrecer afecto y amistad a otros y a toda la creación de Dios, en nombre de Aquel que nos ofreció su amistad primero. Esta amistad con Cristo y con otros significa que los cristianos hemos sido llamados a vivir una fe activa que nos lleva tanto a la proclamación como a la demostración de las buenas nuevas de Dios para todos.

"Amigos de la Misión" es más que un título cálido, es un compromiso que está arraigado en la Escritura. El Evangelio de Lucas empieza nombrando a aquellos que fueron compañeros y amigos. La amistad de Elisabeth y María enmarca uno de los más grandes himnos evangélicos en la historia de la salvación:

"Mi alma glorifica al Señor, y mi espíritu se regocija en Dios mi Salvador, porque se ha dignado fijarse en su humilde sierva. Desde ahora me llamarán dichosa todas las generaciones, porque el Poderoso ha hecho grandes cosas por mí. ¡Santo es su nombre! De generación en generación se extiende su misericordia a los que le temen. Hizo proezas con su brazo; desbarató las intrigas de los soberbios. De sus tronos derrocó a los poderosos, mientras que ha exaltado a los humildes. A los hambrientos los colmó de bienes, y a los ricos los despidió con las manos vacías. Acudió en ayuda de su siervo Israel y, cumpliendo su promesa a nuestros padres, mostró su misericordia a Abraham y a su descendencia para siempre" (Lucas 1:46-55).

Estas amigas y compañeras, llenas del Espíritu Santo, fueron algunas de las primeras personas en proclamar las buenas nuevas de la forma como entendemos la misión de Cristo en la tierra. El Evangelio de Lucas concluye con la historia de Cleofás y su compañero (24:13-35). Mientras estos amigos caminaban tristemente por el camino polvoriento de Jerusalén a Emaús, se encontraron con el Señor resucitado. Y sólo cuando parten el pan, se les abren los ojos, reconocen a Jesús y entienden las Escrituras. De inmediato regresan a Jerusalén y asombrados les dicen a sus compañeros: "¡Es cierto! El Señor ha resucitado".

Por otro lado, la formación de discípulos sucede dentro del contexto del compañerismo y la amistad, eso sí reconociendo que el llamado a ser amigos de Dios y de otros no es tarea fácil. Cuando Jesús, en el último discurso a sus discípulos, les habla de amistad, les hace este encargo: "Que se amen los unos a los otros, como yo los he amado" (Juan 15:12). Además, "Nadie tiene amor más grande que el dar la vida por sus amigos" (Juan 15:13). El llamado a dar la vida por nuestros amigos significa algunas veces morir literalmente por otros. El Pacto recuerda a sus mártires, y anhela continuar con la obra que ellos iniciaron. El 24 de noviembre de 1964 señala el día en que el misionero médico Paul Carlson fue asesinado por rebeldes Simba, en medio de una guerra civil en el Congo. Cuando la rebelión empezó, Carlson evacuó a su familia a la vecina República Centroafricana, un sitio seguro. Sin embargo, él tomó la decisión de regresar para seguir cuidando a sus pacientes. Fue capturado y retenido como rehén por más de dos meses. Carlson fue asesinado en una operación de rescate de cientos de rehenes, realizada por soldados belgas, cuando un grupo de rebeldes abrió fuego. El sacrificio de Paul Carlson es un ejemplo conmovedor que encarna el llamado de Jesús a ser compañeros y amigos del pueblo de Dios de forma literal y profunda.

Cuando hablamos de compañerismo cristiano en la misión, vamos más allá de simples relaciones superficiales, buscamos relaciones profundas con todos los que honran a Dios (Salmo 119:63). El reto de ser compañeros con el pueblo de Dios nos lleva a lugares diferentes y a diversidad de personas; esto requiere un compromiso con la reconciliación, especialmente con los vulnerables e indefensos. Desde el nacimiento del cristianismo en el primer siglo después de Cristo, y a lo largo de muchos años hasta el día de hoy, la iglesia ha estado participando en actos de misericordia y compasión con aquellos que han sido privados de sus derechos y privilegios.

Así como Jesús mismo se identifica y se compadece de los que sufren en el mundo (Mateo 25:34-40), nosotros, los seguidores de

Cristo, estamos llamados a practicar esa misma compasión. Jesús espera que sus discípulos entiendan y actúen con esa misma compasión, e invita a la iglesia a unirse con él en su obra redentora por los que se han apartado de Dios y por todos los necesitados. La iglesia se preocupa por los que carecen de poder y por los que están desamparados, porque ellos, de manera especial, representan al mundo por quienes Cristo murió (Romanos 5:8).

Pablo le dice a la iglesia en Corinto que el mismo Dios "quien por medio de Cristo nos reconcilió consigo mismo" también "nos dio el ministerio de la reconciliación" (2 Corintios 5:18). En la muerte y resurrección de Cristo, Dios abrió la vía para que los pecadores renueven su relación con él y la relación entre unos y otros. Por medio de esta relación personal con Cristo, hombres y mujeres, sin importar su raza o cultura, pueden ser transformados de su condición pecaminosa para vivir bajo la justicia de Dios.

Además, la vida, muerte y resurrección de Cristo invita a los cristianos a reflexionar sobre el mal uso del poder como una barrera que impide la reconciliación. Hay ejemplos de abuso de poder en todas las esferas—económica, social, étnica, edad y género. Cuando Cristo se despoja a sí mismo de poder y toma la naturaleza de siervo, nos ofrece el modelo perfecto de lo que significa participar en la obra de la reconciliación. La reconciliación se manifiesta a través del servicio del uno al otro, concediéndole poder a aquellos que carecen de él, y derrumbando cualquier barrera que obstruya el avance del mensaje que todos somos uno en Cristo.

La obra de reconciliación consiste en abogar por los que viven al margen de la sociedad, y en particular por los pobres y necesitados. Jesús lo predicó en la sinagoga, como vemos en Lucas 4.

Cuando somos ungidos con el Espíritu del Señor, somos llamados a anunciar buenas nuevas a los pobres, proclamar libertad a los cautivos, dar vista a los ciegos, y poner en libertad a los oprimidos. Estas palabras son la médula de nuestra misión como colaboradores, y ellas moldean nuestro entendimiento de justicia en el contexto del favor del Señor— no en el contexto de sistemas legales u otras formas en las que el mundo construye la justicia.

En otros casos, el ministerio de la reconciliación vela por relaciones saludables entre grupos de diferentes etnias. Como el Pacto fue una comunidad inmigrante desde su nacimiento, sus raíces lo llevan a tener empatía con los inmigrantes, minorías étnicas y comunidades multiculturales. Tenemos un patrimonio receptivo a la diversidad étnica y cultural; en años recientes el Pacto ha reflejado de forma creciente la diversidad de la iglesia alrededor del mundo. La reconciliación racial es una forma de manifestar nuestro compromiso con la justicia. Recordando la visión de Apocalipsis 7, la meta de nuestra labor es el compañerismo con personas de todas las culturas y etnias del mundo, de manera que podamos reflejar la gran diversidad del pueblo de Dios. Este arduo trabajo de reconciliación requiere de la confesión, el arrepentimiento, el perdón, y la justicia—las cuales son todas acciones fundamentales de la misión cristiana.

El ministerio de la reconciliación también tiene que ver con la relación entre hombres y mujeres. A través de todo el mundo, las mujeres sufren injusticias sociales, económicas y políticas. La misión de la iglesia incluye el tratar a la mujer como la imagen de Dios y como miembro de la sociedad con plena participación. Tomando el ejemplo de la vida de Jesús, creemos que abogar por las mujeres, mejorando sus condiciones de vida y de trabajo, es crucial para la misión integral de la iglesia y para la obra de reconciliación.

A través de nuestros ministerios, reconocemos que enfrentamos determinados retos en cuanto a la misión de unirnos como un solo pueblo que trabaja dependiendo de nuestro señor Jesucristo. La obra de reconciliación se tiene que producir en múltiples niveles. No obstante, creemos que la labor a la que Dios nos ha llamado es la de ofrecer amistad y fomentar el compañerismo por encima de toda barrera social y cultural. Como parte de la predicación de las buenas nuevas, Jesús nos llama a ser compañeros que trabajan juntos por la justicia, la paz, la misericordia y la compasión.

EVANGELISMO INTEGRAL

La descripción que el Pacto tiene del evangelismo encaja con muchas de sus afirmaciones: una insistencia en la autoridad bíblica, la necesidad del nuevo nacimiento, el mandato de Cristo de evangelizar al mundo, la necesidad de la formación cristiana, la responsabilidad de iniciar actos de beneficencia, y el avance de la justicia. Las tres últimas destacan específicamente el evangelismo practicado de manera integral. La inclusión de la justicia y la benevolencia está fundamentada en la siguiente convicción: la misión entiende que el deseo de Dios es que los cristianos defiendan el gran anhelo de Dios— hacer más discípulos, y hacer del mundo un lugar más justo y compasivo.

Dios llama a sus discípulos "compañeros" de su obra de transformación y reconciliación en el mundo. Como compañeros en esta obra, nos conmueve la convicción de que el evangelio es la mejor noticia para todos. En esta obra damos testimonio intencionalmente de la historia del cristianismo, participamos en la obra de evangelismo, uniéndonos a grupos que promueven el mutuo crecimiento en Cristo en cuerpo, mente, y espíritu.

Los compañeros en la misión mantienen una constante necesidad: no olvidar que, en su participación, las actitudes deben nacer del corazón, no de leyes o formas prescritas. Como compañeros en la obra de Dios, mantenemos la esperanza de que las personas sean transformadas, gracias a la obra del Espíritu Santo. Esta transformación tiene que ver con un cambio positivo en todas las dimensiones del género humano, físicas, sociales y espirituales. Como colaboradores de Cristo, nos comprometemos a mantener un estilo de vida saludable y genuino y que invita a otros a llevar una vida equilibrada y auténtica. Esta obra de transformación implica caminar junto a otros en un compañerismo que evoluciona permanentemente y durante toda la vida. La evidencia de esta transformación es el desarrollo de amistades fieles y verdaderas, es estar junto a otros en cualquier circunstancia y situación, dispuestos a ser moldeados mutuamente en Cristo.

Por medio de la obra de transformación, las comunidades locales son empoderadas para promover un crecimiento y un cambio bajo la guía del Espíritu. Cuando los discípulos de Cristo trabajan juntos, dando importancia a la educación de los niños, fortaleciendo empresas locales, mejorando la vivienda, y enfrentando las necesidades de todos, toda la comunidad se beneficia. Al vivir y practicar la misión integral de la iglesia a nivel mundial, institucional y local, asumimos el reto de ofrecer un cuidado integral, apropiado al contexto personal y cultural de todos. Por tal motivo nuestra obra incluye el desarrollo social sostenible, educación y cuidado de la salud, proyectos de construcción, desarrollo de liderazgo, plantación de iglesias y otros proyectos diseñados en sociedad con grupos locales, donde se promueve el progreso de todos.

Las iglesias que antes fueron centros establecidos por misioneros extranjeros ahora son iglesias que se han convertido en agencias que envían misioneros. El Pacto de los Estados Unidos y Canadá, recibe constantemente invitaciones a colaborar en lugares donde sus misioneros, alguna vez, fueron pioneros. Al hacerlo, reconocemos que el crecimiento de cada uno de nosotros tiene que ver con el crecimiento de todos.

La misión de Dios en el mundo es más que una influencia espiritual o moral en la sociedad. El pueblo escogido de Dios siempre ha sido llamado a poner en práctica su obediencia a través de una relación de amor y servicio con quienes vive y se asocia. (1 Pedro 2.9-12). El mensaje de un Dios vivo siempre ha estado asociado con demostraciones tangibles, manifestadas en el amor de Dios a su comunidad; demostraciones de esfuerzo dirigido a las necesidades de los extranjeros, las viudas, los desvalidos, los pobres, los ciegos, los necesitados, y aun de los que se dan aires de superioridad moral. Los pactistas entienden que entrar en un compañerismo con Dios en la misión, requiere de una obediencia total al gran mandamiento; obediencia que incluye amar a Dios con el corazón, el alma, la mente y con todas las fuerzas (Mateo 22:37-40).

El compromiso del Pacto con la misión integral de la iglesia exige invertir en la obra transformadora de la Palabra de Dios, en el contexto de una participación saludable en el mundo. Ante la inquietud de que el compromiso con la misión de Dios permanezca como elemento central de la identidad pactista, esta afirmación fue agregada en el 2005. Este compromiso con la misión integral de la iglesia expresa lo que en un inicio fue central para la formación del Pacto en la obra de los *Amigos de la Misión*. Aunque el nombre de la denominación ya no lleva la palabra "misión," la centralidad del compromiso con la misión de la nueva vida en Cristo, permanece igual, aunque continúe cambiando el contexto de la cultura en la cual se sirve. El reto de permanecer fieles, de manera activa, en la práctica de la nueva vida en Cristo—poner en práctica la gran comisión y el gran mandamiento en el ambiente cultural cambiante—es el encargo del Pacto hoy. Atentos al corazón y al llamado de Dios, nos esforzamos y trabajamos por ver más discípulos en un mundo más justo, donde se cuida y se ama a todo el prójimo— es nuestra misión y nuestra gran y privilegiada tarea.

NOTAS

1. Tomado del Preámbulo a la Constitución y al Reglamento Interno de la Iglesia del Pacto Evangélico.

PARA UNA LECTURA ADICIONAL

Anderson, Glenn P., editor. Capítulos 5, 6, 7, 12, 14, 15 en *Covenant Roots: Sources and Affirmations*. Segunda edición. Chicago: Covenant Publications, 1999.

Bruckner, James. "Justice in Scripture." *Ex Auditu: An International Journal for Theological Interpretation of Scripture* 22, Justice (2006): 1–9.

Cannell, Linda. "Trying to Get It Right: Taking Seriously the Church as a People Gathered by God." *Common Ground Journal* 6 (2008): 11-20.

Chase-Ziolek, Mary. *Health, Healing, and Wholeness: Engaging Congregations in Ministries of Health*. Cleveland: Pilgrim Press, 2005.

Clifton-Soderstrom, Michelle A. *Angels, Worms, and Bogeys: The Christian Ethic of Pietism*. Eugene: Cascade Books, 2010.

Nystrom, David P. "The Covenant Commission on Christian Action." *The Covenant Quarterly* (Covenant Publications) 44, número 3 (1987): 5-35.

Peterson, Kurt W. "Transforming the Covenant: The Emergence of Ethnic Diversity in a Swedish American Denomination." *The Covenant Quarterly* (Covenant Publications) 67, número 1 (2009): 3-31.

Rah, Soong-Chan. *The Next Evangelicalism*. Downers Grove, IL: InterVarsity Press, 2009.

Small, Kyle J. A. "Potential for Prophetic Dialogue: Toward a Contextual Missiology for the Evangelical Covenant Church in North America." *The Covenant Quarterly* (Covenant Publications) 66, número 3 (2008): 3-24.

Volf, Miroslav. *Exclusion and Embrace: A Theological Exploration of Identity, Otherness, and Reconciliation*. Nashville: Abingdon Press, 1996.

PARA REFLEXIÓN Y DISCUSIÓN: CAPÍTULO CUATRO, UN COMPROMISO CON LA MISIÓN INTEGRAL DE LA IGLESIA

1) ¿Cómo entiende usted el carácter de Dios como el agente iniciador de la misión? ¿Cuál es el papel de Dios, y cuál es nuestro papel al entender los ministerios de compasión, misericordia, justicia, y misión global?

2) Lea Lucas 10:25-37. ¿Cómo le explicaría a alguien esta declaración sobre el gran mandamiento? ¿Cómo le resumiría a alguien la prioridad que tiene la Iglesia del Pacto de poner en práctica "la misión integral de la Iglesia"?

3) Los autores de este capítulo relacionan la reconciliación con Dios con la reconciliación con otros. ¿Qué relación ve usted entre estas dos realidades?

4) Lea la sección del capítulo titulada "Colaboradores con Cristo: relaciones y reconciliación," y reflexione si usted ha experimentado o no, la amistad, la diversidad étnica, la comunidad auténtica, y el discipulado son parte de la compasión, la misericordia, la justicia, y la misión en el mundo.

5) ¿Qué obstáculos o malentendidos puede haber en cuanto a la afirmación de poner en práctica la misión integral de la Iglesia? ¿Cómo influye el señorío de Cristo y la misión de Dios en temas que a veces crean divisiones — política, economía, género, raza, clase, y poder—temas que a menudo tienen que ver con ministerios y apoyo relacionados con esta afirmación?

La Iglesia como una Comunidad de Creyentes

RAÍCES HISTÓRICAS

Cuando los primeros pactistas se reunían, se hacían la siguiente pregunta: *"¿Cómo es tu caminar con Dios?"* Esta pregunta la hacían de manera natural entre los que habían decidido tener una nueva vida en Cristo, y formaban parte de una comunidad, parte del cuerpo de Cristo, la iglesia. Entendían que la vida cristiana es un peregrinaje que dura toda la vida. Su vida en comunidad les ayudaba a crecer y a madurar en el discipulado y el servicio. Además, tenían un interés mutuo por el bienestar físico y espiritual de otros, ya que todos formaban parte de la familia de Cristo. Manifestaban un serio compromiso al ser miembros de una iglesia local y de una denominación, compromisos que eran expresiones formales de la comunión mística de los santos—pasado, presente y futuro. Los que han encontrado en la Iglesia del Pacto su hogar espiritual siempre han respondido al llamado no solamente de creer sino también de *pertenecer*.

Los que formaron la Iglesia del Pacto, hacia finales del siglo XIX, eran en su mayoría suecos de quienes se esperaba que se ajustaran a las normas de la iglesia luterana del Estado—tal como había sido el caso por generaciones. Las normas eran supervisadas por la iglesia desde que alguien nacía hasta que moría. Alguien era miembro de la iglesia del Pacto simplemente por nacer dentro de una familia de la iglesia. Las ceremonias de bautismos, confirmaciones, matrimonios y funerales se cumplían por ley. También era requisito participar en la Santa Cena una vez al año. Además, una vez al año, cada hogar se sometía a un examen sobre las verdades cardinales de la fe. Esto lo hacía el pastor parroquial. La renovación espiritual del pietismo, que empezó en los primeros años del siglo dieciocho, gradualmente dio cuerpo a muchas formas de protesta social y democratización. Para la década de 1850, quienes habían tenido una experiencia personal de conversión, se llamaban entre ellos, *Amigos de la Misión*. Formaron sociedades misioneras cuya base eran los conventículos, y desde allí, nació su deseo de explorar las Escrituras juntos. Querían descubrir y entender por sí mismos el verdadero significado de ser iglesia "como en el Nuevo Testamento". La intimidad relacional y la rendición de cuentas eran características de estas reuniones de grupos pequeños, grupos que comenzaron a parecerse más y más a una verdadera congregación local.

Cada vez más, los *Amigos de la Misión* a ambos lados del Océano Atlántico afirmaban el principio bíblico de una "iglesia de creyentes". La membresía en la iglesia se restringía a los que daban testimonio—tanto con sus palabras como con sus vidas—de que Cristo era su señor y su amigo, y que ellos eran sus fieles seguidores. Este compromiso declaraba que había un pacto de fidelidad con

Dios y entre ellos mismos. Este proceso de discernimiento mutuo e interdependencia constante alentaba a responder a la pregunta, *"¿Cómo es tu caminar con otros?"* En una conferencia que se dio en el *Parlamento Mundial de las Religiones*, en la Exposición Internacional de Columbia (la Feria Mundial de Chicago) en 1893, David Nyvall se refirió a esta pregunta como *"el concepto congregacional"* era "la contraseña y redención" de la Iglesia del Pacto, "una convicción muy firme e imposible de ser silenciada" y por la cual "muchos logran caminar juntos".

> [La congregación local] es un compañerismo voluntario de gente espiritualmente viva, edificada sobre el cimiento en común de la fe en Jesús, el amor, y la confianza mutua; este compañerismo está disponible para todos los que creen en Jesús y dan evidencia de llevar una vida cristiana, independientemente de sus pareceres doctrinales, siempre y cuando no contengan una negación de la palabra y autoridad de las Santas Escrituras.[1]

> El primer principio del Pacto es que cada creyente verdadero tiene derecho a la membresía en una iglesia del Pacto, en todos los aspectos, y que es un pecado mortal y una traición excluir a quien el Señor mismo ha recibido.[2]

En palabras atribuidas a Pablo Pedro Waldenström, la membresía en un compañerismo de creyentes es como la puerta de la iglesia: debe ser tan estrecha como para excluir a los que no dan testimonio de fe salvadora en Cristo Jesús, pero tan ancha como para incluir a todos los que sí lo dan.

La Iglesia del Pacto—ya sea a nivel local, regional, o nacional—siempre ha entendido la naturaleza de la iglesia como la comunidad de los amigos de Cristo; tenemos presente las palabras finales en Juan 15. Jesús dijo a sus discípulos que, debido al nuevo mandamiento de amor, ya no los llamaría siervos, sino que los llamaría amigos. Arraigados en esta amistad divina, los seguidores de Cristo pasan a ser amigos unos con otros y al tener juntos la misma misión, agregan más amigos. Lo hacen en nombre de *Aquel* que primero se hizo su amigo. En este movimiento de renovación que dio origen a la Iglesia del Pacto sobresale la canción sobre la amistad genuina que Dios ofrece a los suyos – ver himnario en inglés. (Carlos Olof Rosenius, *The Covenant Hymnal: A Worshipbook*, #592).

Ha habido varios ciclos en la plantación de iglesias desde que las primeras cuatro congregaciones se reunieron en 1868: las primeras fueron formadas por personas que habían sido desarraigadas y trasladadas por causa de la inmigración; luego surgió la necesidad de formar iglesias de habla inglesa para las segundas generaciones; más tarde se surgió la visión de una iglesia estadounidense y canadiense unida, visión evidenciada por los esfuerzos misioneros interiores durante las décadas previas a la Segunda Guerra Mundial, y la expansión posterior a la guerra a las zonas suburbanas. Así mismo se manifestó un compromiso renovado por ciudades y barrios en constante cambio, plantando congregaciones étnicas y multiétnicas. Muchas de estas congregaciones han sido formadas por personas que también han sido desarraigadas por inmigración. Sus historias de peregrinaje enriquecen la vida general de la iglesia. En todos estos ciclos el compromiso de la iglesia como una comunidad de creyentes ha sido una convicción constante y no silenciada.

El espíritu de los *Amigos de la Misión* siempre ha deseado que haya armonía en el cotidiano y difícil trabajo de vivir juntos como iglesia y como denominación.

En el sermón predicado por F.M. Johnson en la reunión de la Iglesia del Pacto en febrero de 1885, proclamó el texto: "Compañero soy yo de todos los que te temen y guardan tus mandamientos" (Salmo 119:63 Reina-Valera 1960). Así que la pregunta se hace de forma plural, *"¿Cómo es tu caminar con otros?"* Esta pregunta apunta a una imagen orgánica, descrita por Pablo en las cartas a las primeras iglesias cristianas. El cuerpo es uno, pero con muchas partes interdependientes que se necesitan unas de otras. Se necesita cada una para la extensión del evangelio en la misión de Dios al mundo. La pregunta *"¿Cómo es tu caminar con otros?"* también ofrece un gesto de acogida bienvenida a otros, el cual lo expresa un pactista sobre la comunión de la iglesia. (Este himno está escrito en inglés y habla sobre la diversidad étnica y cultural y nuestro compromiso a recibirnos mutuamente). (Richard K. Carlson, *The Covenant Hymnal: A Worshipbook*, #505)

5

LA AFIRMACIÓN

Martín Lutero, durante la época de la Reforma, hizo una desafiante sugerencia en cuanto a la organización de la iglesia:

> Los cristianos deberían hacer una lista con cada uno de los nombres de una comunidad. Luego deberían reunirse en grupos en casas para orar, leer, bautizar, recibir los sacramentos, y hacer obras de caridad. Según la lista, quienes no llevaran vidas fieles podrían ser identificados, reprendidos, corregidos, expulsados o excomulgados, de acuerdo con la norma de Cristo (Mateo 18:15-17). En esas reuniones también se podrían solicitar ofrendas de benevolencia para ser distribuidas y dadas voluntariamente a los pobres, según el ejemplo de Pablo (2 Corintios 9). No se necesitaba de ningún canto elaborado. Uno podría establecer un orden breve y preciso para el bautismo y la santa cena, y centrarlo todo en la Palabra, la oración y el amor.[3]

Lutero vio que la iglesia ideal era la reunión y encuentro de quienes confiesan su fe en Jesucristo, se comprometen unos con otros, y no se someten a ninguna otra autoridad que no sea Jesucristo, el Señor de la iglesia. La Iglesia del Pacto busca llevar a cabo y valorar este ideal.

Las raíces de esta visión de la iglesia se encuentran en dos énfasis fundamentales del Nuevo Testamento:

- La iglesia es una comunión de creyentes, que se caracteriza por su participación y compañerismo mutuo en la nueva vida en Cristo. Pablo llama a la comunidad cristiana el cuerpo de Cristo, una comunidad compuesta por muchos miembros, cada uno diferente y mutuamente interdependiente (1 Corintios 12:12-30). Cuando estamos en comunidad unos con otros, cuando todo el pueblo de Dios está interactuando entre sí en adoración y servicio, es cuando la voluntad de Dios se revela y se discierne con más claridad.

- El Nuevo Testamento también enseña que dentro de la comunidad cristiana: "Ya no hay judío ni griego, esclavo ni libre, hombre ni mujer, sino que todos ustedes son uno solo en Cristo Jesús" (Gálatas 3:28). Estas tres distinciones—raza, clase y género—ya no deben ser una ventaja o desventaja dentro del cuerpo de Cristo. Esta es la visión multiétnica, sin clases sociales y con igualdad de género. Reconocemos nuestra necesidad de diversidad étnica, de compañerismo y de ministerio mutuo por encima de las barreras socioeconómicas construidas artificialmente, y de los dones y el liderazgo de mujeres y hombres. La aspiración de la Iglesia del Pacto es lograr esta visión bíblica.

La iglesia es una comunidad apartada para participar en la misión de Cristo en el mundo. "Pero ustedes son linaje escogido, real sacerdocio, nación santa, pueblo que pertenece a Dios, para que proclamen las obras maravillosas de aquel que los llamó de las tinieblas a su luz admirable" (1 Pedro 2:9). El "sacerdocio de todos los creyentes" significa que cada creyente está llamado a ser parte de una comunidad, y a participar en el evangelismo, la formación cristiana, la adoración y el servicio.

La iglesia de creyentes no es simplemente una institución u organización humana, sino un pueblo a quien Dios ha llamado. El énfasis no está en los edificios o en las estructuras jerárquicas, sino en la comunión llena de gracia y en la activa participación, mediante el Espíritu Santo, en la vida y la misión de Cristo.

La membresía en la Iglesia del Pacto es por confesión de fe personal en Cristo Jesús. Está abierta a todos los creyentes. No esperamos que todos estén de acuerdo en cada detalle de la fe cristiana. Lo que se requiere es que la persona haya *nacido de nuevo* "mediante la resurrección de Jesucristo, para que tengamos una esperanza viva" (1 Pedro 1:3b). La membresía sí está abierta a todos los creyentes, pero sólo a los creyentes. "Las puertas de la iglesia son suficientemente anchas para admitir a todos los que creen y suficientemente estrechas para excluir a quienes no creen," dijeron nuestros antepasados.

Con esto no se pretende que los miembros de la iglesia de creyentes sean perfectos. La iglesia sabe que está formada por pecadores, pero pecadores que han recibido el perdón y están buscando sanidad en una nueva relación con Dios. Al mismo tiempo afirmamos que todas las personas en todas las etapas de su fe, o de falta de fe, son bienvenidas a participar en la vida de la iglesia.

La Iglesia del Pacto cree que las Sagradas Escrituras son la fuente de vida de la iglesia, de su predicación y enseñanza, y el medio para su renovación. Jesús dijo: "Si se mantienen fieles a mis enseñanzas, serán realmente mis discípulos; y conocerán la verdad, y la verdad los hará libres" (Juan 8:31b-32). La celebración del bautismo y la Santa Cena como sacramentos de la Iglesia, expresamente ordenados por nuestro Señor, forman para del ministerio de la Palabra. La celebración de estos sacramentos son señales visibles de la gracia invisible de Jesucristo.

La Iglesia del Pacto está abierta a todos los creyentes; reconoce el bautismo de infantes y de creyentes como formas bíblicas de este sacramento e incluye la práctica de ambos en su ministerio.

La congregación local es de importancia crucial en la labor redentora de Dios en el mundo. Aunque Dios obra de muchas formas, es en las relaciones personales dentro de una comunidad, donde las personas están más abiertas al ministerio del Espíritu Santo, quien sana, convence y da vida. Aquí, la formación y la disciplina bíblica se manifiestan en el contexto del amor y del cuidado cristiano.

La Iglesia del Pacto es una comunión de congregaciones interdependientes. Cada congregación local busca la dirección del Espíritu Santo en asuntos de vida común y misión. Según el tipo de gobierno congregacional, cada congregación es libre de dirigir sus propios asuntos. Al mismo tiempo, cada congregación del Pacto está comprometida a participar responsablemente en el compañerismo, decisiones, y ministerios compartidos de los distritos o conferencias regionales, y de la denominación.

La Iglesia del Pacto sostiene que hay un solo ministerio indispensable—el de Jesucristo. Todos los miembros del cuerpo están llamados a este ministerio. El ministerio de la proclamación y el evangelismo, de la formación cristiana y el crecimiento en la fe, de la mayordomía y el servicio. La preocupación tanto por la salvación personal como por la justicia social, son parte del ministerio. Al mismo tiempo reconocemos que Dios llama a ciertos hombres y mujeres para ser apartados como siervos de la Palabra, a administrar los sacramentos y al servicio a otros. Esto no les da a los ministros que tienen una credencial, un estatus superior. Pero sí se les reconoce el llamado y función especial de Dios que tienen en la iglesia para capacitarla en el cumplimiento de su misión.

5

REFLEXIÓN TEOLÓGICA

La iglesia le importa a Dios, y por lo tanto también debe importarnos a nosotros. La iglesia es el lugar donde Dios obra, da vida y comparte su gloria (2 Corintios 3), desarrolla compañerismo y ofrece perdón (1 Juan 1), edifica un pueblo de adoración y testimonio (1 Pedro 2), y construye el cuerpo de Cristo conforme a su estatura (Efesios 4). Respecto a la cuarta afirmación del Pacto, "¿Qué cree la Iglesia del Pacto?" respondemos "La iglesia no es una institución, organización, ni edificio. Es una comunidad llena de gracia cuyos creyentes participan en la vida y misión de Jesucristo. Es una familia donde todos son igualmente valiosos en Cristo. (Gálatas 3:28)". La iglesia está, en pocas palabras, dondequiera que la nueva vida en Cristo se manifieste.

Los cristianos a veces enfatizan que la iglesia es algo que Dios tenía en mente desde antes de la fundación del mundo. Lutero vio a Adán y a Eva como los miembros fundadores de "La Primera Iglesia del Edén," llamados a recibir la palabra de bendición de Dios y a creer su palabra de promesa. Esta línea de pensamiento demuestra la intención original de Dios respecto al compañerismo.

Dios nos creó para tener compañerismo con él, con otros, y con la Creación—no como tres relaciones diferentes, sino como tres dimensiones integrales de la misma comunidad. Hasta que el reino de Dios venga en pleno (Lucas 22:18), la iglesia es en donde más se genera ese compañerismo.

Otros han hecho hincapié en la iglesia como la respuesta apropiada, intencional y salvadora de Dios al pecado humano. Génesis 12 es la historia de Dios, el plantador de iglesias consumado; él escogió a Abram y Sarai para cumplir la visión de una iglesia con más miembros que las estrellas del cielo (Génesis 15:5). Esto enlaza a la iglesia con el amor redentor de Dios, un amor prefigurado y preparado en la historia de Israel, completamente manifestado y llevado a cabo por Jesús, y ahora compartido en la iglesia. La intención de Dios en la obra de salvación humana incluye una pertenencia no solamente a Dios, sino también a su pueblo. Hasta que la nueva Jerusalén se presente en la tierra (Apocalipsis 3:12), la iglesia es el lugar donde la salvación de Dios se manifiesta de forma más completa.

SOMOS UNA IGLESIA

Las afirmaciones del Pacto empiezan con cuatro declaraciones: *somos una iglesia apostólica, católica, de la Reforma, y evangélica.* La gramática de la declaración "somos una iglesia" señala una idea basada en las Escrituras sobre la realidad de la iglesia. Los enunciados están expresados en modo indicativo, y hacen una declaración o exposición de una realidad. No están expresados en modo imperativo como una orden. La iglesia de Dios existe y tiene formas y características con las cuales podemos contar. Sin embargo, esto no depende de nuestra labor personal sino de la voluntad de Dios.

Podemos pensar que la iglesia es una comunidad que debemos crear, o una institución a la que hay que sostener, haciendo caso omiso de la realidad de que en Cristo ya somos iglesia (Romanos 12:5). La buena noticia es que Dios ya ha hecho todo el trabajo pesado cuando estábamos completamente desamparados (Romanos 5:8). El evangelio nos llega con declaraciones de esta realidad: "tanto amó Dios al mundo" (Juan 3:16), "en Cristo, Dios estaba reconciliando al mundo" (2 Corintios 5:19), "¡Es cierto! El Señor ha resucitado" (Lucas 24:34). El evangelio no empieza con órdenes: "tengan más amor" o "dejen de pelear" o "no pierdan la esperanza". En la Escritura tales órdenes suelen venir después, pero el orden de las cosas es importante: primero viene la dádiva del amor de Dios.

Desafortunadamente, lo que reconocemos acerca de la salvación—la dádiva de Dios—raramente la extendemos a la iglesia. La iglesia, también, es dádiva antes que obra. La primera carta de Pedro describe cómo la obra de testificar fluye de la dádiva de identidad: "Pero ustedes son linaje escogido, real sacerdocio, nación santa, pueblo que pertenece a Dios, para que proclamen las obras maravillosas de aquel que los llamó de las tinieblas a su luz admirable" (2:9). Al decir "Somos iglesia" es un recordatorio que ser iglesia es una dádiva de Dios: "¡Fíjense qué gran amor nos ha dado el Padre, que se nos llame hijos de Dios! ¡Y lo somos!" (1 Juan 3;1).

La iglesia es el sitio donde descubrimos nuestra comunidad fundamental básica. Podemos decir *"nosotros"* al hablar de nuestra familia, ciudad o región, grupo étnico o país. Cada una de estas comunidades puede moldear lo que somos. Sin embargo, solamente la iglesia descubre y moldea nuestra verdadera identidad como criaturas bendecidas de Dios (Génesis 1:28), hijas e hijos amados (Efesios 5:1; compárese Romanos 1:7).

La iglesia en término de "nosotros", es importante por tres razones. Miremos el contraste entre el "Construy*amos* una ciudad... *Nos* hare*mos* famosos" (Génesis 11:4) de la torre de Babel, con el "Todos nosotros somos testigos" (Hechos 2:32) de Pentecostés. La salvación tiene que ver con nuestro *éxodo* de comunidades que viven en rebelión contra Dios, y nuestra *entrada* a una comunidad que reconoce a Jesús como "Señor" (véase la Declaración de Barmen, disponible en Internet).* Solamente hay una comunidad que nos hace miembros de Cristo y miembros los unos de los otros (1 Corintios 6:15). *"Somos iglesia"* describe nuestro éxodo de separación, muerte y rebeldía contra Dios, a una comunidad viva: "Si vivimos, para el Señor vivimos; y si morimos, para el Señor morimos. Así pues, sea que vivamos o que muramos, *del Señor somos"* (Romanos 14:8).

Algunos cristianos son tentados a creer que cada comunidad— aun la iglesia de Cristo—es solamente una asociación voluntaria de individuos. Esto haría de la iglesia simplemente la suma de sus

---

*Nota del editor: La Declaración de Barmen fue escrita en 1934 por un grupo de líderes de la iglesia evangélica en Alemania. Ellos querían ayudar a los cristianos de su país a resistir los retos del partido nazi, y de los "cristianos alemanes" que no veían ningún conflicto entre el cristianismo y los ideales del nacionalsocialismo de Hitler. Esta declaración presenta de manera clara la fuente de autoridad de la iglesia en la Palabra de Dios; su única identidad en Cristo; y su relación profética a nación, cultura, y sociedad. Dietrich Bonhoeffer desarrolló un papel central en la redacción de la Declaración de Barmen, misma que llegó a ser ancla de firme resistencia a Hitler.

partes, un agregado de individuos que deciden reunirse con otros para formar un "nosotros." Sin embargo, la iglesia no es solamente un sustantivo colectivo que denomina a un grupo de individuos. El Nuevo Testamento nos dice que la iglesia es algo singular: "nosotros somos templo del Dios viviente" (2 Corintios 6:16), y "somos casa de Cristo" (Hebreos 3.6), y de la manera más explícita, "nosotros, siendo muchos, formamos un solo cuerpo en Cristo, y cada miembro está unido a todos los demás" (Romanos 12:5). Tal como el cuerpo es más que una amalgama de sus partes, así la iglesia de Cristo es más que un grupo de individuos.

Cuando los cristianos dicen "*nosotros*," están incluyendo a sus hermanos cristianos alrededor del mundo. La identidad de los cristianos respecto a la iglesia es más importante que su identidad cívica o cualquier otra identidad. La iglesia es nuestra comunidad primaria, porque ser "cristiano" o "cristiana" es nuestra identidad primaria. Nuestro llamamiento es el de vivir por "un solo Señor", por "una sola fe", en "un solo bautismo" (Efesios 4:1-5). A nivel local, los pactistas toman muy en serio el tiempo y el lugar específicos del "*nosotros*." Ellos se dedican al discipulado en grupos pequeños, a mostrar compasión, y a una fiel membresía y adoración a Dios en sus iglesias locales.

LA IGLESIA ESTÁ DONDE HAY ACCIÓN

La Iglesia del Pacto Evangélico afirma que la iglesia es una comunidad de creyentes. Para entender esta frase, consideramos tres sustantivos claves: iglesia, comunidad y creyentes. Pero también buscamos ciertos verbos relacionados, porque la iglesia está donde hay acción.

La palabra en el Nuevo Testamento para "iglesia" es *ekklesía*, un sustantivo del verbo *llamar*. La palabra no aparece sola, ya que el Nuevo Testamento típicamente habla de la "iglesia *de Dios*." Pablo escribe "a la iglesia de Dios que está en Corinto" (1 Corintios 1:2; 2 Corintios 1:1), y habla en otras partes de la iglesia como "la iglesia de Dios" (1 Corintios 10:32; 11:22; 15:9; Gálatas 1:13; 1 Timoteo 3:5, 15). "Iglesia" tiene un significado teológico precisamente porque siempre es la iglesia de Dios. Sus miembros son activos en el ministerio, porque Dios es activo en ellos. La afirmación habla de una "iglesia de creyentes" en vez de "la iglesia de Dios," esto no es contradictorio, porque la iglesia de creyentes es "un pueblo al que Dios ha llamado," y no simplemente "una institución u organización humana". Tenemos la tendencia de creer que somos nosotros los que creamos la iglesia por nuestros propios esfuerzos—con nuestras oraciones, servicio fiel, asistencia a las reuniones, y con nuestras ofrendas. Por supuesto, nuestra alabanza y adoración, obras y testimonio todos son necesarios, pero son únicamente una respuesta a lo que Dios ya está haciendo —creando la iglesia. Es gracias a esta realidad que, en comunidades quebrantadas, los creyentes de iglesias locales son empoderados a luchar con esperanza a través de la oración, el testimonio, el servicio y el discipulado.

No es ninguna casualidad que la forma verbal de *ekklesía* signifique "reunidos juntos" o "convocados a una asamblea." La palabra nos invita a hacernos la pregunta, "¿Quién convocó esta reunión?" y a responder en forma resonante, "¡Dios lo hizo!" Es la iglesia de Dios porque a la orden de Dios la iglesia cobra existencia; Dios la llamó de la cautividad a la libertad (Éxodo 20:2), Dios la llamó de la muerte a la vida (Romanos 6:13), Dios la llamó de las tinieblas a la luz admirable de Dios (1 Pedro 2:9). Es la iglesia de Dios por el llamado de Dios; existe por la voluntad y acción de Dios. "Fiel es Dios, quien los ha llamado a tener comunión con su Hijo Jesucristo, nuestro Señor" (1 Corintios 1:9). Es una iglesia de creyentes, porque es Dios quien nos ha creado, nos ha llamado, y ha desarrollado nuestra fe.

Después de la confesión de fe de Pedro, Jesús dice, "Sobre esta piedra edificaré mi iglesia" (Mateo 16:18; 1 Pedro 2:5). Podemos ser tentados a pensar que la fe de Pedro vino primero, y que por ello Jesús pudo edificar la iglesia. Pero si prestamos atención, veremos que la iniciativa de Dios precede y produce la fe de Pedro: "Dichoso tú, Simón, hijo de Jonás—le dijo Jesús—, porque eso no te lo reveló ningún mortal, sino mi Padre que está en el cielo" (Mateo 16:17). En efecto, la fe es el regalo que Dios nos da, porque "a su nivel más profundo [la fe] depende de la acción misteriosa pero misericordiosa de Dios".[4] La iglesia no ha sido creada por nuestros esfuerzos, ni siquiera por nuestra fe. Dios crea la iglesia, tan cierto como que Dios creó los cielos y la tierra (Efesios 2:15; 3:9; Colosenses 1:16; 2 Corintios 5:17; Gálatas 6:15).

Esto queda claro en el pasaje en el cual Pablo habla respecto al cuerpo en 1 Corintios 12:12-13, ya que en estos versículos los verbos en voz pasiva muestran que nosotros somos los objetos de la actividad de Dios. Todos fuimos bautizados y a todos se nos dio a beber de un mismo Espíritu (1 Corintios 12:13). Como proyecto de Dios, la iglesia no está ni sujeta a nuestro control y finalmente, tampoco es vulnerable a nuestros fracasos. Es Dios obrando en Cristo quien, en definitiva, presentará a la iglesia sin mancha ni arruga

(Efesios 5:27). Teniendo seguridad en esta esperanza declaramos que somos la iglesia y seguiremos siendo la iglesia por generaciones; orando cuando nos encontremos en situaciones de enfermedad y angustia, ofreciendo perdón cuando nos equivoquemos, esforzándonos por entender la Escritura junto a otros en estudios bíblicos, visitando a los enfermos y a los que están en prisión, y enseñando a los niños el camino de Dios.

Dios ha dotado a la iglesia de prácticas primordiales por medio de las cuales buscamos tener una vida en santidad. La cuarta afirmación del Pacto menciona la predicación y la enseñanza, la celebración del bautismo y de la Santa Cena como prácticas de la iglesia. Algunas veces agrupamos estas cuatro prácticas, y las identificamos como los ministerios de la Palabra y del sacramento. Pero aquí reconocemos los sacramentos como la realización y la encarnación de la palabra bíblica de la promesa. La Santa Cena es un ministerio de la Palabra—partiendo el pan juntos, con corazones alegres y generosos (Hechos 2:46) en obediencia al mandato de Jesús—"hagan esto en memoria de mí" (Lucas 22:19; Mateo 26:26-29; Marcos 14:22-25), proclamando así "la muerte del Señor hasta que él venga" (1 Corintios 11:26). Hay dos oraciones para la celebración de la Santa Cena incluidas en el himnario pactista *The Covenant Hymnal: A Worshipbook* que relatan, en términos generales, la historia bíblica desde la creación hasta la consumación final. Estas oraciones nos ayudan a entender que celebramos la Santa Cena, no mediante una mirada al pasado en la Escritura, sino mediante la experiencia de habitar en ella.[5]

El bautismo también es un ministerio de la Palabra: que "limpia" a las personas (1 Corintios 6:11) y las imparte como obediencia al mandato de Jesús—"vayan y hagan discípulos... bautizándolos" (Mateo 28:19-20). Es una proclamación de que nos hemos incorporado a la muerte y resurrección de Cristo (Romanos 6:4; Colosenses 2;12). Donde otras denominaciones han permitido que diversos puntos de vista sobre el bautismo estimulen divisiones dentro de la iglesia, el Pacto ha procurado mantenerse unida centrándose en "un solo Señor, una sola fe, un solo bautismo" (Efesios 4:5). Sin embargo, reconoce que los pactistas sostienen diferentes puntos de vista en cuanto al bautismo. Por eso, la Iglesia del Pacto "reconoce el bautismo de infantes y de creyentes como formas bíblicas de este sacramento e incluye la práctica de ambos en su ministerio". Nuevamente, el himnario pactista, *The Covenant Hymnal: A Worshipbook* contiene oraciones que colocan la celebración del bautismo dentro de la más amplia historia bíblica de la obra creadora y redentora de Dios.[6]

La Palabra y los sacramentos no son las únicas prácticas bíblicas por las cuales Dios anima a la iglesia. Cantar y alabar al Señor (Efesios 5:19) es un ministerio de la Palabra, y muy importante en la adoración congregacional. Dios usa la Escritura cantada para nutrir y fortalecer nuestra fe. No todas las canciones son fieles a la historia bíblica. Algunas se enfocan demasiado en el individuo y poco en Dios. Nuestra música, al igual que nuestra predicación, enseñanza, y práctica de los sacramentos, tiene que permanecer sujeta a la Escritura, "la única regla perfecta de fe, doctrina, y conducta".

COMUNIDAD: ENTRAMOS EN COMUNIÓN CON CRISTO

El segundo sustantivo clave en esta afirmación es *comunidad*, término en español que comunica un aspecto de la palabra griega *koinonía.* La bendición dada por Pablo en 2 Corintios 13:14 ruega "que la gracia del Señor Jesucristo, el amor de Dios y la comunión [la comunidad/el compartir juntos] del Espíritu Santo sean con todos ustedes". La forma trinitaria de esta bendición puede ayudarnos a ver que nuestra comunidad en la iglesia es mucho más que los sentimientos que compartimos el uno con el otro. Es una participación íntima y personal con el Padre, Hijo, y Espíritu Santo. Cipriano, uno de los padres de la iglesia en el siglo III, entendió esto cuando dijo que la iglesia es "el pueblo unido por la unidad del Padre y el Hijo y el Espíritu Santo".

La fuerza histórica del Pacto está en la comunidad de encuentro presente, donde la participación se realiza en pequeños grupos de creyentes. Ahí se lleva a cabo la obra de luchar juntos en oración, entablar un diálogo con la Escritura, y edificarse mutuamente en Cristo. La afirmación describe esta comunión como "llena de gracia," y sugiere que ésta implica tener "estrechas relaciones personales". Ese mandato es importante, porque la comunión es un regalo de Dios, en vez de ser una simple tarea nuestra. A veces los cristianos se expresan de la comunidad, como si ésta fuera una cualidad de las relaciones—o incluso un sentimiento de afecto—como algo que podemos y tenemos que producir por nuestros propios esfuerzos. La comunidad llega a ser *koinonía* cuando está animada por el Espíritu Santo. En 1 Juan 1:3, leemos que nuestra comunión unos con otros, no es algo diferente de nuestra comunión con el Trino Dios. Son dos dimensiones de una sola comunión compleja. La encarnación de Cristo no tenía que ver solamente con una nueva vida sino también con una nueva comunión (1 Juan 1:1-4).

La comunidad creada dentro de los pequeños grupos no es un elemento que se añada a nuestra salvación, pero implica la compleja dimensión relacional de esa nueva vida. El Nuevo Testamento deja claro que cualquiera que tiene a Dios como Padre, pertenece a una familia de "muchos hermanos" (Romanos 8.29), la misma "casa de Dios" (1 Timoteo 3:15). De hecho, Jesús tuvo en mente esta comunión de relaciones cuando nos enseñó a orar diciendo: "Padre nuestro" en vez de "Padre mío" (Mateo 6:9). No podemos estar en comunidad con Jesús y no estar en comunidad con nuestros hermanos.

El regalo de la nueva vida en Cristo es estar en comunidad con Dios, así como estar en comunidad con el pueblo de Dios. La membresía en una congregación local ha sido una norma para los pactistas desde el comienzo.

Estar en comunidad unos con otros en la presencia de Dios, es precisamente lo que representan nuestras celebraciones del bautismo y de la Santa Cena. Por eso Pablo, afirma que "fuimos bautizados para unirnos con Cristo Jesús" (Romanos 6:3), y también que "todos fuimos bautizados...para constituir un solo cuerpo" (1 Corintios 12:13). El bautismo representa nuestra participación no solamente en Cristo, sino también el uno en el otro. Así, los hijos e hijas de Dios recién nacidos también son nuestros hermanos en Cristo. Hay un relato de la primera historia del Pacto. Un pastor se negó a continuar con la tradición de cambiar el agua en la pila bautismal, cuando había bautizos de campesinos y de la alta burguesía. Para él todos eran iguales y podían compartir el agua baptismal. Una viva representación de la declaración que en Cristo no hay esclavo ni libre (Gálatas 3:28). A través del bautismo recibimos una *koinonía* ya dada en Cristo.

Igualmente, con la Santa Cena: Pablo escribe, "Ese pan que partimos, ¿no significa que entramos en *koinonía* con el cuerpo de Cristo? Hay un solo pan del cual todos participamos; por eso, aunque somos muchos, formamos un solo cuerpo" (1 Corintios 10:16b-17).

La comunión representa no sólo nuestra dependencia de Cristo, sino también nuestra mutua interdependencia. No se puede celebrar la Santa Cena a solas, porque cuando compartimos los elementos los unos con los otros, los compartimos juntos con Cristo.

Compartiendo la cena juntos, la iglesia de Cristo representa la comunión *inclusiva*, la que invita y acepta a todos a la mesa de Jesús. Jesús vivió en una época en la que la gente era exclusivista con aquellos con quienes se sentaban a comer. Comer juntos implicaba amistad e igualdad. Pero ¿con quién comió Jesús? Él comió con ricos y poderosos, con pobres y necesitados, con líderes religiosos reconocidos, con pecadores marginados, con hombres y mujeres; es decir Jesús comía con todos. Ya que no discriminó a nadie, Jesús tenía la reputación de comer con personas rechazadas socialmente. Y por eso fue llamado "un glotón y un borracho, amigo de recaudadores de impuestos y de pecadores" (Mateo 11:19).

Desde entonces, los discípulos de Jesús han sido identificados no solamente como los que comen *con* él, sino también como los que comen *como* él. Como creyentes, imitamos a Jesús cuando nos reunimos con otras razas, culturas, ricos, pobres, jóvenes, ancianos, mujeres, y hombres, todos iguales en la mesa de comunión de Cristo. La mesa es donde una sola y nueva humanidad en Cristo, se hace más visible (Efesios 2:15). La comunidad es un regalo que recibimos. Una vez que esta verdad se haya establecido, reconoceremos que también es una tarea que debemos encarnar cada vez más y con mayor fidelidad. Tendremos retos, diferentes puntos de vista políticos, etnicidad, gustos musicales, clases sociales, líneas divisorias de generaciones o divisiones en la iglesia. Cualesquiera que sean las circunstancias, toda iglesia debe sentirse aludida por la exhortación de la primera carta de Pablo a los Corintios. Pablo le escribe a una congregación profundamente dividida, una iglesia en cuya mesa de comunión había división en vez de comunión. Pablo presenta la lógica de *koinonía* como el regalo que conduce a la obra: "Fiel es Dios, quien los ha llamado a tener comunión (*koinonía*) con su Hijo Jesucristo, nuestro Señor. Les suplico, hermanos, en el nombre de nuestro Señor Jesucristo, que todos vivan en armonía y que no haya divisiones entre ustedes, sino que se mantengan unidos con una misma mente y en un mismo parecer" (1 Corintios 1:9-10).

UN SACERDOCIO DE CREYENTES

El último sustantivo importante en esta afirmación es la palabra *creyentes*. La iglesia está constituida por creyentes; eso quiere decir, por personas que confiesan su fe en Jesucristo como Señor. Históricamente los pactistas insistieron en la declaración de una fe personal ya que los no creyentes eran aceptados como miembros de la Iglesia luterana del Estado en Suecia. Los pactistas se hacían las preguntas: "¿Has tenido un nacimiento nuevo?" y "¿Cómo está tu relación con Dios?" Sin embargo, no presumían que su fe personal fuera el fundamento de la iglesia. Reconocían que la fe es el efecto de la obra de Dios (Filipenses 2:13) y el regalo de la gracia de Dios

(Efesios 2:8). Esta fe es personal, pero también es una relación—una relación de confianza en, y lealtad al Señor Jesucristo. Así que la fe es profundamente personal, pero nunca es privada.

Los pactistas entienden que pertenecer al cuerpo de Cristo, es una decisión personal consciente, no es meramente adquirir una membresía institucional. Los miembros del cuerpo de Cristo desarrollan verdaderos vínculos humanos y familiares, los cuales los llevan a constituir la "familia de fe". La expresión de estos vínculos se manifiesta en actos de bondad, lealtad, tolerancia y humildad en las conversaciones y relaciones, inclusive dentro de una estructura jerárquica. Los pactistas esperan que los miembros de la comunidad de fe participen en los cultos de alabanza, diezmen y desarrollen relaciones con otros creyentes. Las reuniones periódicas en grupos pequeños son altamente recomendadas como un medio de apoyo en oración y crecimiento personal en Cristo.

Para los pactistas es muy importante tener relaciones sanas y auténticas. Históricamente se describe a los Pactistas como *"pietistas afectuosos"* en vez de legalistas fríos. Nos preocupamos por nuestra vida relacional en comunidad para que la gracia de Cristo se manifieste y crezca. Fomentamos y buscamos mutuamente la evidencia de crecimiento en la fe personal e integridad en las relaciones. Los pactistas tienen la seguridad de que los *creyentes* manifiestan la evidencia del Espíritu Santo y del evangelio de Cristo, como fuerzas activas que llevan a un mejor comportamiento con otros. La justificación que hemos recibido por la obra de Cristo, la ponemos en práctica en nuestra vida en comunidad, unos con otros.

Hay dos formas que consideramos provechosas en cuanto a cómo nuestra fe se relaciona con la iglesia. La primera tiene que ver con nuestro nuevo nacimiento por gracia mediante la fe: "¿Has nacido de nuevo?" El Nuevo Testamento muestra claramente que el nuevo nacimiento nos "mueve". Este movimiento se puede describir como un cambio y transformación de la muerte a la vida, de las tinieblas a la luz, de lo viejo a lo nuevo. Lo central de este movimiento es que el nuevo nacimiento nos une a Jesucristo. La fe es, como dice la afirmación, "la comunión llena de gracia y...la activa participación, mediante el Espíritu Santo, en la vida y la misión de Cristo".

Los creyentes están vivos en Cristo (1 Corintios 1:30). Es decir, son la iglesia de Cristo (Romanos 16:16; Gálatas 1:22) y son el cuerpo de Cristo (1 Corintios 12:1227; Efesios 1:22-23; Colosenses 1:24; 1 Corintios 10:16-17; 11:23-30). Por esta razón, el viejo adagio del Pacto, "las puertas de la iglesia son suficientemente anchas para admitir a todos los que creen y suficientemente estrechas para excluir a quienes no creen," tiene que ser interpretado cuidadosamente. Esto no significa que algunos creyentes quedan fuera de la iglesia de Cristo. Lo que el dicho sí da a entender es que la entrada formal a la iglesia institucional está restringida a los creyentes; solamente los creyentes en Cristo son bienvenidos para ser miembros de la iglesia institucional, pero también significa que *todo* creyente es bienvenido. Además, los no creyentes son calurosamente recibidos en la congregación, para que escuchen el evangelio expresado en forma clara y coherente, y para que comprueben el amor salvador de Dios en Cristo.

La segunda forma en que nuestra fe tiene que ver con la iglesia es según Mateo 18:20; Jesús promete que, "Donde dos o tres se reúnen en mi nombre, allí estoy yo en medio de ellos". Reunirse en el nombre de Jesús es reunirse con los que confiesan con su boca que Jesús es el Señor, y creen en su corazón que Dios lo levantó de entre los muertos (Romanos 10:9). El resultado es como lo declara la afirmación, "la membresía en la Iglesia del Pacto es por confesión de fe personal en Cristo Jesús". Esta promesa también moldea la adoración congregacional, ya que la confesión de nuestra fe juega un papel crucial en la vida de la iglesia. No solamente escuchamos la lectura de la Escritura y la predicación, sino que proclamamos nuestra fe de manera colectiva y con testimonios personales, cantamos nuestra fe a través de himnos y canciones, e igualmente expresamos nuestra fe en silencio y en voz alta.

Los versículos de Mateo 18:20, definen la práctica del perdón por la cual la iglesia tiene vida. Una iglesia de creyentes no es una comunidad libre de pecado; es una comunidad de pecadores salvos por gracia mediante la fe. Por eso, el perdón es una práctica esencial mediante la cual Dios crea y sostiene a la iglesia. El pecado ocurre, y cuando ocurre, Cristo anhela que su iglesia continúe su obra reconciliadora, buscando redimir al pecador y restaurar a la comunidad. El pecado no es solamente un problema privado entre el pecador y Dios.

En Mateo 18:22, Jesús manda a la iglesia a perdonar setenta y siete veces, saltando la lógica de la retribución con una superabundante gracia perdonadora. El punto de Jesús no es que se limite el número de veces que debemos perdonar, sino que el ciclo de violencia que Caín empezó y Lamec intensificó (Génesis 4:24)—un ciclo que nos deja a todos sangrando y alejados de Dios—tiene que ser remplazado por un ciclo de perdón que aumenta y crece. Vivir de esa forma es posible solamente a la luz de la resurrección y en el poder del Espíritu Santo. Lo primero que el Cristo resucitado hace en el Evangelio de Juan es impartir el Espíritu Santo y conceder a la iglesia la facultad de perdonar (Juan 20:22-23). La iglesia vive como una comunidad de perdón precisamente porque "sabe que está formada por pecadores," pero que también es una comunidad cuyo compañero es el Señor que es compasivo y extiende su perdón a todos. Como un pueblo, la iglesia encarna y reemplaza las hostilidades humanas con la paz divina (Efesios 2:14-18).

El Pacto afirma que los creyentes tienen un llamamiento sacerdotal al usar la frase de la Reforma "el sacerdocio de todos los creyentes" (1 Pedro 2:9). Dios ha llamado a la iglesia a rescatar al mundo y traerlo hacia él, y a llevar a Dios al mundo en testimonio fiel y servicio compasivo. Es un oficio sacerdotal que reclama a toda la iglesia en la totalidad de su vida. La iglesia en conjunto tiene parte en la vocación de Israel de ser una luz para las naciones (Isaías 42:6; Mateo 5:14). Lesslie Newbigin comenta sobre este tema: "El corazón de la historia bíblica es la historia del llamamiento de una comunidad visible, para ser el pueblo propio de Dios. Su sacerdocio real en la tierra, el portador de Su luz a las naciones".[7] Antes de que la iglesia tenga una idea apropiada sobre el sacerdocio de cada creyente, tiene que comprender primero la idea del sacerdocio de la iglesia hacia el mundo.

Dentro de ese oficio sacerdotal cada creyente encuentra una función. Cada creyente ha recibido dones otorgados por medio del Espíritu para el bien de toda la iglesia (1 Corintios 12:7). Por eso al ejercer sus dones, cada creyente está participando en el mismo ministerio de Jesucristo, nuestro sumo sacerdote (Hebreos 4:14-15).

Afirmar el sacerdocio de todos los creyentes es imaginar el movimiento incesante de dones entre los miembros del cuerpo para el fortalecimiento de cada uno y la edificación de todos. Es importante entender esos pasajes que hablan de los dones dados por el Espíritu, que edifican a la iglesia (Romanos 12:4-8; 1 Corintios 12:1-11; Efesios 4:8-16). Estos textos no ofrecen una lista exhaustiva de los dones espirituales, ni una descripción detallada de los dones mencionados,[8] pero sí nos indican la fuente, el propósito, y el alcance de los dones recibidos. Dios reparte dones espirituales por medio del Espíritu Santo, y el Espíritu llega a ser la fuente de su eficacia. Los dones no son dados según la aptitud innata del creyente, o las experiencias vividas, ni tampoco sus habilidades adquiridas. Los dones dependen del Espíritu Santo quien los distribuye "según su voluntad" (Hebreos 2:4; 1 Corintios 12:11). Los dones espirituales son dados para "el bien de los demás" (1 Corintios 12:7); es decir, su propósito es la salud integral del cuerpo de Cristo (Efesios 4:12b-13).

Cuando los Reformadores afirmaron el sacerdocio de todos los creyentes, estaban tratando de liberar a la iglesia de la cautividad del clero imperante. Juan Calvino enseñaba que cada cristiano es su propio sacerdote, sin tener necesidad de un pastor u otra persona para relacionarse con Dios. Decir esto podría dar a entender que realmente no necesitamos a nuestros hermanos cristianos en la iglesia, o que "puedo ser cristiano sin el apoyo de otros". Al contrario, Lutero insistía en que siempre nos vamos a necesitar unos otros para que podamos testificar sobre las buenas nuevas de Jesús.

Es un hecho que nuestra fe está en Dios, es una relación personal con el Padre en el Hijo por el poder del Espíritu Santo. Pero nuestra fe viene como resultado de oír el evangelio que nos ha sido compartido por alguien en Cristo (Romanos 10: 4, 17). Cada cristiano puede ser un sacerdote para otros hermanos en la fe. Una iglesia comprometida con el sacerdocio de todos los creyentes hace responsable a cada miembro de servir activamente en la vida total de la iglesia, de dar testimonio del evangelio en palabra y obra, de poner "cada uno...al servicio de los demás el don que haya recibido" (1 Pedro 4:10), y de recibir el servicio de los dones de otro. La iglesia no está compuesta de dos grupos—ministros que ofrecen ministerio, y laicos que lo reciben. La afirmación declara que la iglesia tiene "un solo ministerio indispensable—el de Jesucristo. Todos los miembros del cuerpo están llamados a cumplir este ministerio". Así que, cada miembro es *ministro* y a cada miembro (aun al pastor o la pastora) se les *ministra*. Cada miembro del cuerpo está llamado tanto a ministrar a otros como a ser ministrado por otros. El cuerpo resulta igualmente perjudicado cuando los laicos dejan de ministrar, y cuando los pastores no son ministrados.

Afirmar que todos son sacerdotes, no quiere decir que ninguno debe ser pastor. El Pacto sostiene que "Dios llama a ciertos hombres y mujeres para ser apartados como siervos de la Palabra, de los sacramentos y del servicio". Al hacer esto, el Pacto reconoce el énfasis del Nuevo Testamento del llamamiento de Dios y en los dones que otorga a determinadas personas para determinados ministerios. Y a ese fin, ordenamos tanto a mujeres como a hombres a la profesión de pastor. De acuerdo con la medida del don de Cristo, "él mismo constituyó a unos, apóstoles; a otros, profetas; a otros, evangelistas; y a otros, pastores y maestros" (Efesios 4:11). Donde algunas tradiciones cristianas han estudiado el Nuevo Testamento queriendo hallar un patrón exacto del oficio ministerial, el Pacto ha encontrado flexibilidad. El teólogo pactista Donald Frisk habló por la iglesia cuando escribió: "Nosotros estamos convencidos de que el Espíritu Santo continúa creando nuevas formas de ministerio para que podamos enfrentar las nuevas situaciones".[9]

De vez en cuando el Pacto ha *reordenado* el ministerio vocacional, pero nunca ha dejado de *ordenarlo* en bien de toda la iglesia. La razón de este ordenamiento no es por el poder ni por el prestigio de los pastores, sino para que la iglesia pueda ser edificada conforme a la plena estatura de Cristo (Efesios 4:12-13).

Finalmente, enfatizamos que la iglesia es un pueblo peregrino que camina hacia los confines de la tierra con las buenas nuevas del Evangelio, y hasta el fin de los tiempos cuando nos encontraremos con nuestro Señor. "Hasta que Cristo regrese, continuaremos adorando y alabando, trabajando y dando testimonio..."[10]

NOTAS

1. Glenn P. Anderson, editor, *Covenant Roots: Sources and Affirmations* (Chicago: Covenant Press, 1980), 163.

2. Ibídem ("allí mismo"), 168.

3. Ulrich S. Leopold, editor, *Liturgy and Hymns* (Philadelphia: Fortress Press, 1965), 53.

4. Donald C. Frisk, *Covenant Affirmations: This We Believe* (Chicago: Covenant Press, 1981), 7.

5. *The Covenant Hymnal: A Worshipbook*, 943, 945.

6. Ibídem ("allí mismo"), 932, 934.

7. Lesslie Newbigin, *The Household of God: Lectures on the Nature of the Church* (New York: Friendship Press, 1954; reeditado, Eugene, OR: Wipf and Stock Publishers, 2009), 20.

8. Frisk, 164-68.

9. Ibídem ("allí mismo"), 167.

10. *Afirmaciones del Pacto* (traducción al español de *Covenant Affirmations*, Chicago: Covenant Publications, revisión de 2005; Comunicaciones del Pacto, A.C., México, D.F., 2014), 23.

PARA UNA LECTURA ADICIONAL

The Covenant Book of Worship. Chicago: Covenant Publications, 2003.

Frisk, Donald C. "The Church and Sacraments" y "Mission and Ministry." Capítulos 9 y 11 en *Covenant Affirmations: This We Believe*. Chicago: Covenant Press, 1981.

Lohfink, Gerhard. *Does God Need the Church?* Collegeville, MN: Liturgical Press, 1999.

Newbigin, Lesslie. *The Household of God: Lectures on the Nature of the Church*. New York: Friendship Press, 1954; reeditado, Eugene, OR: Wipf and Stock Publishers, 2009.

Phelan, John E. Jr. *All God's People: An Exploration of the Call of Women to Pastoral Ministry*. Chicago: Covenant Publications, 2005.

Weborg, C. John. "Pietism: A Question of Meaning and Vocation." *The Covenant Quarterly* 41, número 3 (1983): 59-71.

PARA REFLEXIÓN Y DISCUSIÓN: CAPÍTULO CINCO, LA IGLESIA COMO UNA COMUNIDAD DE CREYENTES

1) ¿Cómo se vería o de qué manera distinta actuaría la iglesia si creyéramos la declaración que la iglesia es "dádiva antes que obra," si creyéramos que, como escribe el autor, la iglesia no

depende de nuestro trabajo para que sea la buena iglesia de Dios?

2) ¿De qué manera ha visto usted a la iglesia como una "asociación voluntaria de individuos"? ¿cuándo deciden ser comunidad? ¿Cuál sería, como alternativa, la definición bíblica de identidad individual y colectiva dentro de la iglesia?

3) ¿Cuándo ha vivido, de manera positiva, la dimensión colectiva de la comunidad de creyentes? ¿Ha experimentado la dimensión colectiva y comunal, de la cual escribe el autor, con relación al estar vivo en Cristo, o al pertenecer al cuerpo de Cristo junto con otras personas? ¿Ha experimentado la dimensión comunitaria con relación a caminar con Dios, y compartir su fe personal y perdón con otros?

4) Lea Gálatas 3:23-29 y Efesios 4:11-16. Respecto a estos versículos y a este capítulo de Fe viviente, ¿cuál es la forma apropiada para que la Iglesia del Pacto camine hacia la unidad como el cuerpo de Cristo? Según estas mismas fuentes, ¿cuál es la vía para poder aceptar la diversidad y las diferencias entre los miembros de la iglesia?

5) ¿Cómo se entiende en su iglesia local la interpretación de interdependencia que hace la Iglesia del Pacto dentro del sacerdocio de todos los creyentes? ¿Cómo se entiende esta interpretación dentro del distrito o la conferencia regional, o a nivel denominacional?

6

Una Dependencia Consciente del Espíritu Santo

RAÍCES HISTÓRICAS

"¿**S**igues viviendo y caminando de la mano de Jesús, tienes una relación viva con Jesucristo el salvador?" ¿Qué querían decir los primeros pactistas cuando se hacían estas preguntas entre ellos; ¿qué les permitía mantener una fe viviente y renovada? Varias generaciones de jóvenes de la Iglesia del Pacto—vestidos con túnicas blancas (símbolo del bautismo) para participar en el acto de confirmación en su iglesia local, cuya preparación para hacerlo los llevó a aprender muchas cosas de memoria—han expresado las siguientes palabras que explican el tercer artículo del Credo de los Apóstoles sobre la santificación:

> Declaro, no por mi propia razón, ni por mis propias fuerzas, que creo en Jesucristo, mi Señor. Creo que el Espíritu Santo, por medio del Evangelio, me ha llamado, me ha iluminado e inspirado con sus dones, me ha santificado y guardado con la fe verdadera, del mismo modo que él

llama, congrega, ilumina, y santifica a toda la Iglesia cristiana. Asimismo, su Espíritu guarda y cuida la iglesia en la única y verdadera fe. Declaro que Jesucristo perdona mis pecados y los pecados de todos sus fieles, gracias a su gran misericordia; creo que en el día postrero me resucitará a mí y a todos los que ya han muerto, y me dará juntamente con todos los creyentes, la vida eterna.[1]

Sería difícil encontrar una declaración más concisa referente al misterio de una fe que es declarada como un credo, profesada con esperanza genuina, y que en amor se convierte en una fe personal, y que pertenezca también a todos los que profesan esa fe dentro de la comunidad de creyentes de la iglesia. Una dependencia consciente del Espíritu Santo es tanto un regalo divino como una necesidad humana.

Juan Bunyan, el pastor puritano inglés del siglo XVII que escribió la alegoría espiritual clásica *El progreso del peregrino*, dijo: "Los ejemplos hablan más poderosamente que las normas". La historia del pastor pionero pactista Carl Magnus Youngquist articula, de manera convincente, un ejemplo sobre cómo la presencia fundamental del Espíritu Santo en la vida de un individuo, y en las estructuras orgánicamente integradas de la iglesia y su pueblo, obran a través del mismo Espíritu. Carlos, nació en 1851 en medio de pobreza en el sur de Suecia, una región conocida como "el Jerusalén sueco" a causa de varios avivamientos espirituales que hubo allí; el joven Carlos reconoció a Jesús como su salvador y señor, a la edad de ocho años en la clase de la escuela dominical que impartía la Señorita Storckenfelt. La escuela dominical era un modelo educativo importado de los Estados Unidos. Carlos recuerda: "Era una dama de rango y cultura, y la aristocracia siempre me llenaba de terror". Sin embargo, esto pronto cambió. Los efectos igualitarios del movimiento de renovación—en este caso respecto a las clases sociales—por la obra del Espíritu Santo en medio de personas de fe transformó a muchos, incluyendo algunos de la aristocracia.

La emigración masiva de suecos a los Estados Unidos se había intensificado. Youngquist tomó el tren en Jönköping, que lo llevaría a Gotemburgo donde abordaría un barco hacia los Estados Unidos. Tenía dieciocho años y aunque viajó solo, iba acompañado de muchos compañeros emigrantes, los cuales llenaron sesenta y cinco vagones de pasajeros movidos por dos locomotoras de vapor. A los veintidós años, Carlos fue uno de los primeros estudiantes que se prepararon para el ministerio en la escuela iniciada por los *Amigos de la Misión* en Keokuk, Iowa. Youngquist pronto llegó a ser uno de los pastores pioneros pactistas plantando iglesias y sirviendo en varias congregaciones. Además, fue delegado fundador de la Iglesia del Pacto en 1885, y el primer historiador de esta nueva denominación. Era un escritor capaz y con un sentido agudo respecto a la historia que se estaba desarrollando en su entorno. Cuando estuvo en Nebraska empezó a escribir sus primeras narraciones como editor de la revista mensual, publicada en sueco, *Hem-Missionären (El misionero nacional)*.

En 1899, C. M. Youngquist fue llamado a la congregación pactista ubicada en la zona agrícola de los campos de Lund, Wisconsin, no muy lejos del ensanche amplio del Río Mississippi conocido como el Lago Pepin. Esta pequeña iglesia ya estaba celebrando su vigésimo quinto aniversario. Típico de esta generación de pastores, conocía muchas labores y a menudo trabajaba al lado de los agricultores, especialmente durante los días agotadores y extensos de siembra y cosecha. Un día de 1900, Youngquist se hirió la pierna con una cerca de alambre de púas oxidado. No le prestó mayor importancia a la herida y la infección se extendió, la cual le envenenó la sangre, le produjo tétano y finalmente gangrena en ambas piernas. Se encontraba gravemente enfermo y necesitaba del cuidado de un médico experto para salvar su vida. Es en una situación así que se puede apreciar el amor extendido de una comunidad de una denominación joven, la cual era consciente de su dependencia y presencia del Espíritu Santo. El pastor Youngquist hubiera podido ir a las ciudades cercanas de Minneapolis y Saint Paul, e internarse en uno de sus excelentes hospitales. Pero no, él decidió ir a Chicago donde estaban el *Hogar de Misericordia* y el *Hospital Sueco del Pacto*, para poder estar cerca de muchos de sus amigos espirituales de tiempo atrás.

Como ya se encontraba inválido y con una fiebre que se agravaba, ubicaron al pastor Youngquist en el tren *Red Wing*, rumbo a Chicago. Su último acto pastoral en Lund ocurrió cuando los jóvenes de su clase de confirmación, que habían ido a la estación, abordaron su vagón uno a uno, para conversar y recibir palabras de ánimo, oración y bendición. Hubo muchas lágrimas porque aquellos que estaban tan llenos de vida sospechaban que se estaban despidiendo de su pastor por última vez.

El 10 de agosto de 1901, después de varios días, se tomó la decisión de amputarle las dos piernas en un intento por detener la infección. Mientras lo preparaban para la cirugía, rodeado de líderes pactistas, Youngquist llamó a los estudiantes y a la facultad del seminario de North Park, a venir al hospital, para recibir palabras de ánimo y bendición. Mientras lo llevaban a la sala de operaciones, Youngquist empezó a cantar la última estrofa de un himno conocido, escrito por Carlos Olof Rosenius: "Oh Corazón herido, que rebosa de amor, guíame, ayúdame a encontrar mi camino a través del desierto de la vida; permite que mi fe, no importa lo que me acontezca, encuentre cada día seguridad en tus heridas. A tu presencia—porque esta vida es fugaz—llévame, lava mis vestiduras en tu sangre; y que con Tomás pueda yo, al encontrarme contigo, gritar con alegría, '¡Mi Señor y Dios!'" (*The Covenant Hymnal: A Worshipbook*, #427). Sin duda, otras voces se unieron con la de él. Youngquist falleció durante la cirugía, "Viviendo y caminando de la mano de Jesús".

Es imposible saber, por supuesto, lo que pasó por la mente y corazón de aquellos jóvenes que, en un domingo en mayo del siguiente año, celebraron el día de su confirmación en la fe. El culto se llevó a cabo en la casa de la misión en Lund, al lado del templo pintado de blanco y junto al vistoso cementerio donde varios pioneros y pastores pactistas descansaban, esperando el "gran y glorioso día de Cristo, nuestro Señor".[2] Sin embargo, podemos suponer que en sus pensamientos estaba el recuerdo del Pastor Youngquist y todo lo que les había enseñado; quizás le recordaban justo cuando repetían de memoria la explicación escrita por Lutero del tercer artículo del Credo de los Apóstoles.

Una canción espiritual, escrita por Joel Blomqvist (1840-1930), evangelista itinerante y pastor pactista sueco, refleja el antiguo himno en latín del siglo nueve, *Veni Creator Spiritus* (Ven Espíritu Creador), el cual describe la obra consoladora del Espíritu de Dios, en todo momento y situación de la vida del creyente (*The Covenant Hymnal: A Worshipbook*, #287).

6

LA AFIRMACIÓN

La Iglesia del Pacto, enraizada en el cristianismo histórico, testifica a un solo Dios como Padre, Hijo y Espíritu Santo. El Espíritu Santo continúa la obra creativa del Padre y la obra redentora del Hijo dentro de la vida de la Iglesia. Por esta razón la Iglesia del Pacto ha enfatizado la obra permanente del Espíritu Santo.

De acuerdo con el Evangelio de Juan, el Jesús terrenal prometió que el mismo Espíritu de Dios que permaneció en él (1:32) un día moraría en medio de sus discípulos como resultado de la obra de su crucifixión y resurrección. "El Espíritu... vive con ustedes y estará en ustedes" (14:17). Este Espíritu Santo vino a morar en Pablo, llenándole con la presencia de Dios y dirigiéndole, tal como lo hizo con Jesús. Por esta razón Pablo pudo decir: "... ya no vivo yo, sino que Cristo vive en mí" (Gálatas 2:20). Y es ese mismo Espíritu en nosotros, el que nos capacita para continuar la misión de Cristo en el mundo (Hechos 1:8).

El Nuevo Testamento afirma que el Espíritu Santo obra en la vida de cada creyente a través de cada creyente. El Espíritu Santo da testimonio sobre a aquellos que están lejos y separados, haciéndolos uno en Cristo (Efesios 2:11-22). Es el Espíritu Santo quien despierta en nosotros un profundo sentido de afecto familiar, y nos lleva a amarnos los unos a los otros (1 Corintios 15:58). Porque Cristo ha llegado a ser nuestro hermano (Romanos 8:29), todos somos miembros de la familia de Dios (Efesios 3:14-16). Es el Espíritu de Dios dentro de nosotros quien clama *"Abba,"* al ser adoptados en la familia de Dios, hermanas y hermanos los unos de los otros (Gálatas 4:4-7). Es el Espíritu Santo, escribió Pablo, quien nos da un sentido de unidad y un propósito común entre los cristianos (Filipenses 1:27; 2:1-2).

El discernimiento que tiene el Pacto sobre el Espíritu Santo tiene sus raíces en el Nuevo Testamento. Además, está nutrido en el postulado de la Reforma, de que Palabra y Espíritu son inseparables. Es el Espíritu de Dios el que da vida a la predicación del evangelio dentro de la comunidad de fe, y otorga eficacia a los sacramentos. El Pacto también se nutre de su herencia pietista para comprender el Espíritu Santo. Creemos que es la obra del Espíritu Santo infundir en el corazón humano el deseo de convertirse a Cristo. Creemos que es obra del Espíritu Santo convencer a los creyentes que Cristo mora en ellos. Creemos que el Espíritu Santo, en armonía con nuestra obediencia, nos transforma según la imagen de Cristo (Romanos 8:28-29).

Los primeros creyentes del Pacto en Suecia estuvieron vinculados por la consciencia común de la gracia de Dios en sus vidas. Decían que el Espíritu Santo les impartía un caluroso sentimiento de la gracia de Dios, y les dirigía a una devoción común a Dios, por medio de la lectura de la Biblia y la vida en comunidad, con el propósito de animarse y edificarse mutuamente. Observaron al

Espíritu Santo como su guía colectiva hacía una misión y un propósito común.

Los primeros creyentes del Pacto en Estados Unidos fueron conscientes de la presencia y el propósito de Dios a través de la actividad del Espíritu Santo entre ellos. Estaban convencidos de que el Espíritu Santo estaba obrando en sus iglesias, guiándoles a formar la denominación *Iglesia Evangélica del Pacto Misionero de Suecia*. En la asamblea donde se organizó el Pacto, el hermano C.A. Björk opinó que una reunión meramente organizativa nunca puede producir unidad; el pueblo de Dios llega a unirse, dijo, por la dirección del Espíritu Santo. Los primeros creyentes del Pacto creían que cada cristiano debía escuchar la voz de Dios revelada no sólo a nivel individual, sino también a través del testimonio de otros creyentes. Ellos creían que el Espíritu Santo estaba vivo y activo, obrando por medio de la predicación, los sacramentos, la Palabra de Dios y en el testimonio de los unos a los otros.

La Iglesia del Pacto cree que el Espíritu de Dios es activo y "… sopla por donde quiere" (Juan 3:8). El Espíritu es el actor preveniente en el drama de la salvación, el que crea el deseo de querer vivir la vida en Cristo, y el que satisface ese deseo. Muchas veces nos sorprendemos del desarrollo del propósito de Dios, el cual nos indica que nuestros caminos y pensamientos no siempre son los caminos y pensamientos de Dios. Por esta razón los del Pacto deseamos cultivar una sana humildad ante Dios, sensible a la dirección del Espíritu Santo. Cuando Dios está en proceso de hacer algo nuevo (Isaías 43:19), queremos ver a Dios actuando antes que ser insensibles a su propósito divino. Queremos ver con los ojos del Espíritu, y no sólo con nuestros propios ojos. La Iglesia del Pacto cree, como el apóstol Pablo, que el Espíritu Santo otorga dones a los creyentes con el propósito de que sirvan a la comunidad cristiana, que es el mismo cuerpo de Cristo. Como una iglesia de creyentes, el Pacto ha valorado el concepto de la Reforma del sacerdocio de todos los creyentes, enraizado en la idea de la interdependencia expresada en la noción que tiene el apóstol Pablo sobre el cuerpo de Cristo (1 Corintios 12:12-31). El Espíritu les entrega dones a los creyentes a nivel personal, para el beneficio de otros, no para el beneficio de quien recibe el don. El plan de Dios por medio de la obra del Espíritu es que en el cuerpo de Cristo nos necesitamos unos a otros. Por consiguiente, mientras que la Iglesia del Pacto reconoce la legitimidad de todos los dones espirituales, históricamente el Pacto no ha sido marcado por un énfasis en cierto don espiritual específico. Esta profunda confianza en la noble dirección del Espíritu ha sido una parte fundamental de la identidad del Pacto a través de los años.

6

REFLEXIÓN TEOLÓGICA

Que la Iglesia del Pacto, en una lista de afirmaciones relativamente corta, haga un énfasis especial en la tercera persona de la Trinidad es, en sí mismo, algo digno de observar. Esto nos ayuda a recordar algo que algunas veces se olvida. En el Occidente cristiano, con la posible excepción de ciertos movimientos dentro del conjunto wesleyano, pentecostal o carismático, el enfoque del Espíritu Santo, en pensamiento y en práctica, no es precisamente claro. Una explicación sobre este descuido, irónicamente, es que el Espíritu Santo está vivamente presente en casi cada aspecto de la experiencia cristiana. Aunque no siempre se mencionen, la presencia y el poder del Espíritu Santo están actuando en cada una de las seis afirmaciones del Pacto. Tal es el caso, por ejemplo, del evangelismo y la mayordomía. Si todo lo que hacemos como cristianos está relacionado con estos ministerios, es probable que tanto el testificar como el ofrendar se den por sentado y rara vez se hagan con fidelidad. Igual ocurre con la obra y acción del Espíritu Santo, que con frecuencia se asume o se fusiona con la obra del Padre y del Hijo. El teólogo pactista Donaldo Frisk encuentra una segunda ra-

zón en "la naturaleza escatológica de la obra del Espíritu Santo....
Ya que la obra del Espíritu Santo aún no se ha consumado; una
cierta condición inconclusa es inevitable en nuestras palabras con-
cernientes a su ministerio".[3] El historiador Ricardo Lovelace señala una tercera razón que él llama "el vacío de la santificación".[4]
Lovelace documenta que la afirmación dinámica sobre la obra del
Espíritu Santo decayó en la teología de las iglesias de la Reforma y
sus descendientes, y consecuentemente hubo un descuido y disminución continua desde el siglo XVIII en adelante, no solamente en
el énfasis teológico sino en la práctica eclesial. El papel central del
Espíritu se "dejó a un lado" tal vez por miedo a los comportamien-
tos extremos de personas "movidas por el Espíritu".

A pesar de la sólida afirmación del Pacto acerca del Espíritu
Santo, la alerta de "no descuidarlo" está siempre presente en el
Pacto. Sin embargo, la quinta afirmación ha permanecido central
para la fe, la vida y la obra del Pacto, y por lo tanto daremos su
merecida exposición. Después de las secciones sobre el tema de lo
que "una dependencia consciente del Espíritu" significa, y sobre
por qué una referencia más amplia de la Santa Trinidad necesita
ser parte de la discusión, enfocaremos nuestra perspectiva sobre la
presencia (quién es el Espíritu Santo) y sobre el poder (qué hace el
Espíritu Santo). La presencia y el poder del Espíritu servirán como
punto doble de apoyo para entender de qué se trata la vida en el
Espíritu.

DEPENDENCIA CONSCIENTE

Una afirmación de dependencia consciente del Espíritu Santo
nos impulsa a considerar un amplio rango de relaciones entre su-

jeto y objeto. Paradójicamente, tal gama se extiende desde el control total hasta la entrega total. En un extremo está el caso de Simón el Mago, el hechicero mencionado en Hechos 8. Aunque su "magia" lo hacía grandioso ante la mirada del pueblo de Samaria, el testimonio del discípulo Felipe fue aún más grande. Simón fue uno de muchos que creyeron en Jesús (Hechos 8:9-13). Pero para Simón, ni aun su propio bautismo fue suficiente. Cuando vio que el poder del Espíritu Santo descendía sobre aquellos a los que Pedro y Juan "les imponían las manos," Simón trató de comprar ese poder para sí mismo ofreciéndoles dinero (Hechos 8:17-19). Pedro le reprendió por este intento de querer tener el control de algo que es de Dios. Desde entonces a lo largo de la historia de la iglesia, cualquier intento de comprar, garantizar o controlar el Espíritu Santo es una herejía y se le conoce como "simonía." Asimismo, cualquiera de nosotros que reclame e intente tener derecho sobre el Espíritu Santo, creyendo erróneamente que nuestras buenas acciones, nuestras sanas creencias, y nuestra buena disposición, nos garantizan la acción del Espíritu. Si tal es el caso, en realidad no estaríamos dependiendo del Espíritu Santo, sino más bien haciendo lo que queremos.

Por ejemplo, considere la presencia y la obra del Espíritu cuando se celebran los sacramentos en la iglesia. Aunque las palabras adecuadas en un marco litúrgico son importantes, no son una garantía de que el Espíritu Santo manifieste su presencia y poder a través de palabras humanas. En la Santa Cena, es importante que el pastor o la persona que preside, ore la epiclesis, la oración de consagración pidiendo la presencia del Espíritu Santo por medio de los elementos antes de que sean dados a los feligreses para su perdón, sanidad y crecimiento en gracia. Sin tal petición a Dios, la Santa

Cena no es sino un objeto decorativo colocado en el centro de un gesto humano. Pero aun cuando "todo esté listo," los creyentes van a la mesa sabiendo que se les pide una acción fiel, sin garantía de bendición especial. El Espíritu se manifestará en el tiempo de Dios, por los medios de Dios, y gracias a la promesa de Dios (Mateo 18:20) y no por medio de obra, voz, o deseo humano.

Por otro lado, lo que una dependencia consciente del Espíritu significa, es una confianza en Dios tan grande que va más allá de la voluntad consciente. Es una confianza que no presta atención a las dudas porque no tienen importancia. Tal postura va claramente más allá de lo que la Iglesia del Pacto quiere decir al usar la palabra *consciente*. Lo que afirmamos es ciertamente una confianza radical en el amor y la actividad del Trino Dios hacia la humanidad, pero es una confianza voluntaria y elegida. Esta confianza no es una decisión a la ligera, sin sentido y despreocupación. Más bien, es una confianza que encaramos porque vivimos con la seguridad de que Dios acoge a la humanidad y logrará el bienestar en cualquier circunstancia. No es solo una "bendita seguridad" la cual cantamos en el himno evangélico que proclama que "Jesús es mío," sino también la afirmación y convicción del profeta: "No temas, que yo te he redimido; te he llamado por tu nombre; tú eres mío". Aunque pases por las aguas y por el fuego, "te amo y eres precioso y digno de honra ante mis ojos" (Isaías 43:1b, 4b).

Algunas veces las afirmaciones se expresan mejor a través del canto. En el corazón de cada himnario del Pacto en inglés, desde 1931 hasta el presente, está el himno "Cuán firme cimiento". Aunque no está exclusivamente centrado en la tercera persona de la

Trinidad, el himno tiene que ver con el Trino Dios y la promesa al creyente que depende conscientemente.

ASPECTOS DE LA TRINIDAD

Con alguna frecuencia al Pacto se le señala erróneamente, como una iglesia "sin credo". Es verdad que el Pacto no tiene una declaración "confesional" en su identidad teológica. No tiene ninguna Confesión (luterana) de Augsburgo, ninguna Confesión de 1967 o Confesión de Westminster de 1648 (las dos presbiterianas), ningún Catecismo de Baltimore (católico romano), ni artículos de fe doctrinalmente inviolables e imperativos para el consentimiento de los creyentes. En su lugar, tiene las "afirmaciones." Son algunas "creencias centrales" además de las dos básicas: confesión de Jesucristo como Salvador y Señor, y aceptación de la Biblia como la Palabra de Dios. De modo que, en realidad, el Pacto es una iglesia "sin confesión," o sea, sin una profesión de fe determinada.

No obstante, sí usa algunos credos de vez en cuando como elementos en la alabanza y la adoración. Tales credos se presentan en *The Covenant Hymnal: A Worshipbook*, el himnario del Pacto de los Estados Unidos y Canadá. Incluye muchos pasajes de las Escrituras, están escritos en muchos idiomas, y son tomados del amplio patrimonio cristiano. Incluye el Credo de los apóstoles, y el Credo niceno (con las adiciones hechas por el Concilio de Constantinopla, 381 d.C.). Ambos credos básicos, son claramente trinitarios.

La Trinidad es una doctrina compleja. Es difícil explicar cómo un solo Dios puede consistir en tres personas. Como tal, es una gran barrera para el diálogo entre las religiones monoteístas que reconocen a Abraham como patriarca, incluyendo el judaísmo y el islamismo. Algunos sugieren que ésta no es una doctrina bíblica, ya que sólo se menciona como parte de un rito bautismal (Mateo 28:19). Sin embargo, es básica para la fe común de la Iglesia del Pacto, e incluye la persona del Espíritu Santo como parte de esa Trinidad. Para nuestros propósitos aquí, sólo se discutirán tres aspectos de esta doctrina: la soberanía, la mutualidad, y el lenguaje.

La soberanía. El deseo y el anhelo de los humanos, además de su necesidad de controlar, están constantemente en tensión con un Dios soberano quien hace las cosas de acuerdo con su voluntad. El llamamiento y la incorporación que hace Dios a todos los que se convierten y creen, no son siempre bien recibidos por otras personas. El poema irónico de Ogden Nash, "Qué raro que Dios haya escogido a los judíos," no es más que una sonrisa desdeñosa en el rostro enojado de los cristianos que viven siempre resentidos con los judíos. Que la genealogía de Jesús (Mateo 1:1-16) incluya a mujeres es una afrenta a una cultura dominada por hombres. Aún más inaceptable para muchos, son las cinco mujeres incluidas en la genealogía: una prostituta rechazada e intrigante, una ramera, una refugiada extranjera, una adúltera, y una joven soltera embarazada. Sin embargo, Dios escogió a estas mujeres para cumplir sus propósitos.

Uno de esos propósitos fue la encarnación del Hijo de Dios. A él se le juzga y critica con resentimiento por asociarse con cierta clase de gente de mala reputación, en especial con pecadores (Mateo 11:19 en adelante). El Hijo de Dios describe a la tercera persona de la Trinidad como el "viento" que "sopla por donde quiere, y lo oyes silbar, aunque no sabes de dónde viene, ni a dónde va" (Juan 3: 8a). En resumen, el Trino Dios es soberano, libre de elegir. Así actúa Dios, en el Padre, en el Hijo, y en el Espíritu Santo. Olvidar esta realidad o pensar diferente bajo una libertad separada de Dios, es actuar conforme a la naturaleza pecaminosa, y no en el Espíritu (Mateo 26:41, Efesios 2:3, y Gálatas 6:8).

El cuarto evangelio en sí mismo, proporciona un poderoso testimonio en cuanto a que las relaciones interiores entre el Padre, el Hijo, y el Espíritu (abogado, consolador) como *personas* de la Trinidad, no están necesariamente conectadas a las necesidades y los deseos de la humanidad. Que el Dios trinitario actúe hacia y en favor de la humanidad es una gracia y no una obligación. La soberanía implica diferencia, incluso separación. El testimonio bíblico revela que el vacío entre un Dios soberano y la creación ha sido llenado por un Dios que, porque ama tanto, es amor (1 Juan 4:16 y a lo largo de la carta). Ana Lamott, apologeta cristiana contemporánea, lo expresa de este modo: *"Dios nos ama exactamente como somos, y nos ama demasiado para dejarnos como estamos".*[5] Por eso el amor de Dios conlleva la obra del Espíritu en la santificación, y el crecimiento en la gracia.

Mutualidad. Aunque el tema del funcionamiento interno de la Trinidad raramente es el tema central de la teología contemporánea, sí fue un tema importante de reflexión durante el desarrollo de la doctrina del cristianismo primitivo. Uno de los términos griegos utilizados para describir las relaciones internas entre el Padre, el Hijo, y el Espíritu Santo fue la palabra *perichoresis*, "danzando juntos". Esta descripción antropomórfica, casi popular, del Dios de tres personas, se ha perdido en el pensamiento cristiano común, como consecuencia del tecnicismo lingüístico griego. Pero no tiene que ser así. Esa imagen pintoresca de la vida interior de Dios describe para la humanidad cómo sería la vida en comunidad, si quisiéramos ver a la Trinidad como un modelo a seguir en nuestra vida.

La mayoría de la gente tiene alguna imagen mental de cómo es Jesús. El cuadro *La cabeza de Cristo*, pintado por el pactista Warner Sallman, desde la década de los años 1940 ha sido normativo para un amplio sector de cristianos evangélicos en Occidente. De igual forma, los directores espirituales pueden hablar de las múltiples imágenes de Dios Padre, que pasan a través de los lentes cognitivos de los que buscan los oídos atentos de aquellos directores. Pero sobre la vida del Espíritu Santo, hay poca imagen mental fuera de la imagen del viento (visto solamente en su efecto, no en sí mismo), y la imagen de la paloma (donde el énfasis está en cómo descendía, y no en el compañero mismo).

La imagen de "danzando juntos" ofrece un modelo trinitario para la existencia humana. La vida es fundamentalmente relacional. La danza requiere disciplina, es libre, ordenada y expresiva. Depender conscientemente del Espíritu Santo no es solamente un deber sino un deleite. Y tal vez lo más importante es que esta danza se hace en compañía de otros. La iglesia antigua, en su discernimiento sobre la dirección de Dios, no dependía de una sola voz, sino de lo que "pareció bien al Espíritu Santo y a nosotros" (Hechos 15.28). Una reunión de negocios de una iglesia puede ser más que cumplir con una agenda y toma decisiones. Puede ser una danza. El proceso puede ser tan importante como el producto. Cómo nos tratemos y respetemos el uno al otro como personas, debe ser tan importante como los los logros que obtengamos.

Esta imagen de vida comunitaria no es difícil de entender para los pactistas. Desde nuestros primeros pasos, hemos sabido que la labor por delante no tiene que ver solamente con "Dios y yo." Más bien el Espíritu es un asunto de "nosotros." Tome nota del título de nuestra principal autobiografía comunitaria escrita por Carl A. Olsson, *By One Spirit (Por un solo Espíritu)*. Seguramente los pactistas han escrito teología de forma individual, pero como en el caso de este libro, lo han hecho "en familia," en armonía, con otros. Así también la conferencia misionera relatada en Hechos 15 muestra que los grandes asuntos son entregados al discernimiento comunitario, no a una autoridad individual ("le pareció bien al Espíritu Santo y a *nosotros*").

De la misma forma, desde el comienzo, nuestras actividades misioneras ciertamente han conllevado a la participación de mediadores heroicos, y grupos de colegas y congregaciones que han expresado su fiel compromiso. Y en concreto nuestra actividad misionera a nivel global fija su atención en asociaciones con otras personas que comparten una misma visión. En fin, no danzamos solos.

Lenguaje. En muchos idiomas, los sustantivos y los verbos dominan de manera natural la descripción de actores y acciones. Pero otras categorías gramaticales tienen su propio poder sutil para cambiar el significado, la orientación, incluso las implicaciones. Por ejemplo, consideremos la escala de diferencia entre "el ministerio a los jóvenes" de una congregación, y "ministerio *a través* de los jóvenes." Un sencillo cambio de preposiciones altera todo, incluyendo el propósito, cómo se percibe a las personas, cuáles pronombres son utilizados, y la naturaleza de la comunidad humana misma. La descripción de Juan Calvino del Espíritu Santo era "Dios obrando en, por medio de, y entre nosotros".

Una explicación completa de estas tres preposiciones no solamente señala un amplio campo de actividad, sino que cuando están unidas forman una protección contra la herejía en pensamiento o acción. La herejía siempre tiende a tomar una parte como si fuera el todo. Por ejemplo, Dios obrando solamente *en*, dejando afuera *por medio de* y *entre*, dirige la atención a mi propia bendición, crecimiento y dones, haciendo caso omiso de un propósito social o de realidades dentro de la comunidad de creyentes.

Por lo tanto, depender del Espíritu Santo es entender que es el mismo Espíritu el autor de un sin número de obras en la vida del creyente y de la comunidad. El cristiano muchas veces no sabe dónde, a quién, con qué fin, o por qué el Espíritu Santo guía de tal forma y dirección. Por ejemplo, veamos a Felipe en Hechos 8:26-40. Felipe lo único que hizo fue confiar y obedecer bajo la dependencia del Espíritu, lo que sucedió en esta historia fue para la gloria de Dios y para el bien del prójimo. Las preposiciones de Calvino, *"en, por medio de, y entre,"* son un buen punto de partida. Pero también debemos incluir otros prefijos *"con, al lado de, más allá, encima de, debajo de, antes de, detrás de, después de, delante, por, para, contra, dentro, fuera de, sobre, en"*. La dependencia del Espíritu Santo puede en cierto día proveer consuelo *en* una situación difícil. Al siguiente día el mismo Espíritu le puede guiar y llevar *fuera de* su zona de bienestar *a* un lugar o situación difícil.

Un segundo asunto lingüístico tiene que ver con pronombres. A la tercera persona de la Trinidad se le dan términos de forma variada y con mezcla de géneros (el Espíritu de Dios en hebreo es *ruach*, un término femenino; en el griego del Nuevo Testamento el Espíritu, *pneuma*, es un término neutro; y en el latín eclesial *Spi-*

ritus es un término masculino). Como consecuencia de esta mezcla, ha habido confusión respecto al uso de los pronombres. Hasta hace poco, han sido los hombres quienes han controlado tanto el lenguaje litúrgico como el lenguaje teológico cuando se refieren a Dios. Por eso el Espíritu de Dios es comúnmente "él". Resolver este asunto está más allá del propósito presente. Cabe decir que se hace una petición para que haya más imaginación en el uso de lenguaje inclusivo, y un recordatorio de que es "Dios en tres *personas, Trinidad Bendita*" sobre la cual cantamos y a quien alabamos. Como pietistas, nuestra fe es un asunto personal con un Dios personal. Una fuerza neutralizada no es personal ni suficiente.

EL ESPÍRITU SANTO COMO PRESENCIA

Muchos, y quizás la mayoría de los cristianos, nos hemos encontrado en situaciones difíciles y con falta de recursos, y nos hemos visto clamando con desesperación para que el Espíritu de Dios acuda en nuestra ayuda. En los primeros años del cristianismo, los *Padres y las Madres* del desierto oraban con frecuencia con el Salmo 70:1 como parte de la experiencia de la vida: "Apresúrate, oh, Dios, a rescatarme; apresúrate Señor, a socorrerme". Estas palabras expresan la angustia de alguien que se siente solo, y siente que Dios está ausente. Pero la promesa de Aquel que nos envía a la obra del reino está presente en nuestra soledad y nos consuela con estas palabras: "He aquí yo estoy con vosotros todos los días, hasta el fin del mundo" (Mateo 28:20b). La presencia del Espíritu de Dios no es un evento casual. Es una promesa firme y segura. Es tan real como el aire que respiramos.

Por lo general no nos damos cuenta de nuestra respiración hasta que algo—la altitud elevada, una enfermedad pulmonar, o incluso un resfriado—interfiere en ella. Respirar es algo normal. Pero en el momento de la creación, fue el hálito de vida que Dios sopló en la nariz del hombre, e hizo que la vida emergiera (Génesis 2:7). En el valle de los huesos secos, hueso, tendón y carne se unieron entre sí, pero no había vida, hasta que Dios les dio el aliento de vida (Ezequiel 37:8-10).

Igualmente sucedió con los discípulos cuando estaban escondidos por temor, hasta que Jesús sopló sobre ellos y les dio el Espíritu (Juan 20:22). El Credo de Nicea se lee de esta manera: "Creemos en el Espíritu Santo, el Señor y el dador de vida" (*Afirmaciones del Pacto*, revisión 2014, páginas 4-5). ¿Cuántas veces al día afirmamos esto? Cada suspiro tiene el ritmo de inhalar y exhalar. Con tal suspiro, la vida empieza; por tal suspiro, la vida se sostiene; sin ese respiro, la vida se acaba. Así es la presencia del Espíritu de Dios.

Sin embargo, ¿cuántos de nosotros descansamos regularmente en su presencia? ¿Será que respondemos al mandato del discipulado de tal forma que le damos prioridad a lo que hacemos, a nuestras actividades y compromisos y dejamos a un lado o ignoramos la presencia del Espíritu de Dios? ¿Le damos más importancia a nuestras labores y logros que a escuchar y prestar atención al Espíritu de Dios?

Muchas veces escribo listas de cosas que debo hacer. ¿Pero en realidad nunca escribo una lista sobre quién voy a ser, o sobre cómo voy a estar más atento a escuchar la voz del Espíritu, sobre quién realmente quiero ser? "En el principio creó Dios los cielos y la tierra…, y el Espíritu de Dios se movía sobre la faz de las aguas".

(Génesis 1:2). El mismo Espíritu sigue moviéndose sobre el caos que muchas veces es nuestra vida misma. Siempre presente, trayendo paz siempre.

Para el ser humano el descanso no es una opción. Así como respirar, comer y beber, hay ciertas funciones y actividades que son esenciales para la vida. Lo creado siempre tiene sus límites. De eso justamente se trata la historia del Edén (Génesis 2-3). Y la historia de la humanidad siempre ha tenido que ver con romper los límites. ¿Quién, como estudiante, no ha pasado una noche entera trabajando para terminar una tarea o preparándose para un examen? ¿Quién no ha prometido "no descansar hasta haber terminado"? ¿Quién no ha hecho caso omiso del cuarto mandamiento porque nuestro propio trabajo es más importante que el descanso mandado por Dios? ¿Quién no ha sufrido consecuencias a causa de todo lo que se ha mencionado? Tanto la creación como el cuerpo humano tienen límites que pueden ser desafiados y puestos a prueba, y que la ciencia con sus adelantos puede sobrepasar, pero aun así los límites de alguna u otra forma seguirán ahí. Aún si algún día apareciera un estado político donde no existieran los impuestos, la gente aún seguiría teniendo necesidades y muriendo.

Aunque es importante tener en cuenta la infinidad de acciones del Espíritu Santo para mantener la vida activa y plena, renovada, alegre y diligente, su presencia nos invita y nos provee descanso en medio del bullicio, calma en medio de la adversidad.

El Espíritu Santo provee una respuesta humana al mandato divino: "Estad quietos, y conoced que yo soy Dios" (Salmo 46:10). Un antiguo himno afirma que "hay un lugar de descanso tranquilo cerca del corazón de Dios" (*The Covenant Hymnal: A Worship-*

book, #85). El coro del himno identifica a Jesús como el que provee ese lugar, pero es la *Trinidad* danzando en unidad, la que está obrando en plenitud. Juntos, en armonía, Padre, Hijo y Espíritu desean estar presentes para el tan ocupado cuerpo y mente humana, "que la paz de Dios que sobrepasa todo entendimiento", (Filipenses 4:7) se hace una realidad.

En algunos debates teológicos anteriores, la atención dada al tema de la naturaleza de la "seguridad de salvación" se centró exclusivamente en una sola cuestión—en determinar si el creyente sabía o no sabía si en verdad era "salvo," o si tal estatus era condicional y si dependía de algo. Lo que la Iglesia del Pacto afirma sobre una "dependencia consciente del Espíritu Santo," no tiene que ver con alguna inquietud respecto a tal seguridad. Más bien, el Pacto reconoce y comprende que en cualquier circunstancia en la que nos encontremos, tenemos la seguridad de que hallaremos el descanso que se nos ha prometido, podemos confiar en que tendremos compañerismo y apoyo, un cimiento que permanecerá firme, y una calma que el temor puede amenazar, pero no destruir.

Tal seguridad nos permite dormir cuando necesitamos el descanso. Nos permite recibir el nuevo día al levantarnos. Nos sostiene en medio de la confusión, y nos trae calma cuando el dolor y el sufrimiento llegan. Aun si no hay garantías que podamos controlar en cuanto a vivir bajo el Espíritu, sabemos que hay promesas. La dependencia consciente del Espíritu incluye las promesas y está contenida por ellas. "Porque el Hijo de Dios, Jesucristo... no ha sido Sí y No; siempre ha sido Sí en él; porque todas las promesas de Dios son Sí en Cristo" (2 Corintios 1:19-20). Tal vez necesitemos otro himno acerca de la *"seguridad bendita"*, uno que descanse en la promesa del Espíritu: "Como la madre que consuela a su hijo, así yo los consolaré a ustedes" (Isaías 66:13).

EL ESPÍRITU SANTO COMO PODER

Aunque posiblemente tengamos muy poco en cuenta el significado de la presencia del Espíritu, somos atraídos al poder del Espíritu, inclusive cuando dudamos de aquellos que declaran tenerlo. Mi abuelo paterno, uno de los primeros pastores del Pacto, sonreía cuando hablaba de *Missionsvänner, "Amigos de la Misión,"* pero se alegraba cuando se refería a *Pingtsvänner, "Amigos del Espíritu".* Hay iglesias que buscan hacer lo que se debe hacer "apropiadamente y en orden" (1 Corintios 14:40) o que buscan la legitimidad social dentro de una cultura, y por lo tanto, atenúan y menosprecian demostraciones del poder del Espíritu. Sin embargo, es importante resaltar que valoramos sincera y profundamente la forma como el Espíritu de Dios obra en medio de su iglesia. Veamos una breve consideración sobre dónde, qué y cómo ocurre tal cosa.

Dónde. Afirmar que el Espíritu Santo obra en todas partes puede que sea verdad, pero tal afirmación "no dispara relámpagos", como lo puso Dylan Thomas en un poema.* El poder formativo requiere un carácter particular. El hecho de que Jesús de Nazaret fue enviado por Dios, no es simplemente una idea de bondad global. Los lugares para la poderosa obra del Espíritu Santo ya han sido mencionados con respecto a los sacramentos; el corazón, la

---

***Nota del editor:** Dylan Thomas (1914-1953) fue un poeta galés. La frase "no ensartaron relámpagos" *(forks no lightning)* aparece en su poema "No entres dócilmente en esa noche quieta" *("Do Not Go Gentle Into That Good Night").* La frase se refiere a hombres sabios que reconocen que sus palabras, al fin y al cabo, han carecido de significado y han dejado poco impacto en otros.

mente, y las acciones del creyente; y el discernimiento y las decisiones de la iglesia. De importancia especial para la Iglesia del Pacto, son las siguientes particularidades que aquí incluimos: la formación por el Espíritu de un cuerpo eclesial, la obra del Espíritu en el conocimiento y la interpretación de la Escritura, la preparación de una condición idónea para el ministerio de evangelismo y de misión, y el papel del Espíritu para ser eficientes e íntegros en la predicación.

Debido a que el púlpito ha tenido tanta importancia en la Iglesia del Pacto, el rol del Espíritu Santo en la predicación requiere mucha más atención de lo que el espacio aquí permite. Fundamentalmente la iglesia ha creído que todo lo que sucede en el corazón y en la conciencia del oyente como consecuencia de escuchar un sermón, es más el resultado de la obra del Espíritu que de la habilidad, conocimiento, o técnicas retóricas del predicador. La adoración y la alabanza en grupo, y especialmente los cultos de avivamiento, son temas controversiales en cuanto a la manifestación del Espíritu. La tensión que se vive con respecto a la presencia y al rol del Espíritu, ha existido por siglos. Para algunos, el orden debe ser la norma. Para otros, tal como se creía en los avivamientos de Carlos Finney en la primera mitad del siglo XIX, la alabanza y la adoración tenía que ser "emotiva".

Para otros, como sus colegas contemporáneos de Nueva Inglaterra, el avivamiento "acontece a través de la oración". El Espíritu Santo puede estar presente en el culto y en los eventos de avivamiento, y seguramente en ambos hay igual dependencia del Espíritu, pero esta dependencia se manifiesta de forma diferente.

Hay cierta ironía por el hecho de que Carlos Barth, quien muchas veces fue criticado por su excesiva dependencia en la *reve-*

lación, fue justamente muy perceptivo en cuanto a este punto. Barth no rechazó de lleno aprender de otras ciencias humanas. De hecho, Barth comentó que fue Dios quien le ordenó a los israelitas antes de su liberación, a que tomaran lo que pudieran de las riquezas de los egipcios, para su uso posterior (Éxodo 11:2-3 y 12:35-36). El hecho de que varias clases de oro y plata se encuentren en otros tesoros, aun en tesoros extranjeros, no está en discusión. Que las técnicas usadas por Carlos Finney optimizaron el triunfo del avivamiento, no está en discusión. Depender sólo de la oración es loable, pero no significa que emplear otros recursos sea en vano. El asunto en discusión es el peligro que existe cuando permitimos que otros recursos, con el tiempo, lleguen a convertirse en un becerro de oro, al que adoramos, quitándole el lugar que le corresponde a Dios (Éxodo 32:1-35).

Otro asunto en cuanto al Espíritu Santo tiene que ver con el lugar y el tiempo. Tanto el Hijo como el Espíritu existen en el tiempo: el Hijo nació en Belén, fue criado en Nazaret, crucificado y resucitado en Jerusalén. Y el Espíritu se manifestó en un soplo sobre los discípulos (Juan 20:22) y llenó a los fieles en Pentecostés (Hechos 2:14). Sin embargo, ambos están por encima del tiempo. Cristo está *en* y *antes* de la Creación (Juan 1.1-13; Colosenses 1.15-17), y el Espíritu estuvo activo en el caos total que existía antes de la creación (Génesis 1:1-2). La afirmación de una *Dependencia Consciente del Espíritu* está apoyada por el testimonio que la Escritura sobre el poder *dentro* del tiempo, y *más allá* del tiempo.

Debido a que algunos materiales preparados para las clases de confirmación, algunos leccionarios (con sus respectivas listas de textos bíblicos asignados para cada domingo), y algunos estrictos seguidores del calendario eclesial, sin querer, limitan el papel del Espíritu Santo a Hechos 2, es importante subrayar que la obra del Espíritu abarca muchos "tiempos". El Espíritu de Dios no está limitado a un día en Jerusalén con la manifestación de diferentes idiomas, lenguas de fuego, el célebre sermón dado por Pedro, y 3,000 que fueron salvos. Sin duda estos eventos fueron notables y bien descritos como "el día del nacimiento de la iglesia". Pero esto no describe la magnitud del poder y de la presencia del Espíritu.

De hecho, entre los prodigios del día de Pentecostés, frecuentemente se pierden dos hechos que son socialmente significativos si nos fijamos bien en el texto. Que la gente haya escuchado el mensaje en su lengua materna (Hechos 2:8) augura la estrategia de Dios de una misión contextualizada. Por otro lado, el texto de Joel 2 que usó Pedro, en su sermón, da testimonio de un evangelio que trastornó el orden social (Hechos 2:17-21).

Muchos mencionan dos esferas más donde el Espíritu Santo está presente y activo: en el subconsciente de cada persona, y en las ceremonias públicas de la imposición de manos durante los actos de ordenación y consagración a ministerios especiales. La Biblia está llena de ejemplos en los cuales Dios se comunica a través de sueños, a pesar de que muchos deshonran o eliminan su significado. La imposición de manos es igualmente bíblica y contiene cierta manifestación de poder más allá de nuestro conocimiento. Es una forma de bendición y señal de empoderamiento.

Desde que Cipriano declaró en el siglo III, que fuera de la iglesia no hay salvación, ha habido una tendencia dentro del cristianismo a situar la presencia y el poder del Espíritu Santo dentro de límites eclesiales o, por lo menos, adyacente a ellos. Hoy en día los cristianos están más abiertos a aceptar que la obra del Espíritu no está restringida exclusivamente a la iglesia. Es un tema muy antiguo, empezando con el agregado de la cláusula *filioque* ("y el Hijo") por la Iglesia occidental al Credo niceno en 589 d.C. La cláusula se refiere a que Dios envío su Espíritu, y el proceso de esta entrega es por el medio del Padre y el Hijo. Lo que es más pertinente para nuestros propósitos es la realidad práctica de que la iglesia ha reemplazado *filioque* ("y el Hijo") con *eccleseique* ("y la iglesia"). Además, ha luchado contra cualquier posible consideración sobre alguna obra salvífica propiciada por el Espíritu fuera de la misión de la iglesia misma: "La iglesia no tiene una misión; la misión tiene una iglesia".[6]

Esto no tiene como propósito sugerir que cualquiera y todas las manifestaciones de sucesos espirituales sean obra del Espíritu Santo. En 1 Juan 4:1-3 se nos instruye a no creer "a cualquiera que pretenda estar inspirado por el Espíritu, sino sométanlo a prueba". No tiene que estar ligado exclusivamente a la iglesia, pero sí debe estar exclusivamente ligado a Cristo. En otras palabras, la actividad del Espíritu Santo puede que no tenga relación inmediata con la jurisdicción y/o control de la iglesia, pero debe estar sujeta a Cristo. Esta es la razón por la cual la Iglesia occidental agregó la cláusula *filioque* ("y del Hijo") al credo. Y tal vez es una razón más contemporánea por la que muchos nuevos "convertidos" alrededor del mundo se nombran a sí mismos, no como "cristianos," sino como "seguidores de Cristo".

Qué. Más allá del tema sobre dónde está obrando el Espíritu, está el tema sobre la clase de obras que hace el Espíritu. Como fue anotado anteriormente, la actividad del Espíritu Santo es tan rica que incluye casi todo lo que es pertinente a la experiencia cristiana. Pero decir todo es no decir nada. Por eso, hemos agrupado en ocho categorías, una serie de actividades que abarcan la diversidad de la obra del Espíritu Santo en la vida del individuo, de comunidades, y de instituciones.

Junto a cada categoría están unos textos bíblicos seleccionados como testimonio ilustrativo. También para cada categoría se han incluido himnos tomados de himnarios del Pacto. Estos himnos están registrados porque la Iglesia del Pacto siempre ha sido una iglesia que utiliza el canto. Para muchos fieles, cuando las palabras justas no vienen inmediatamente a la mente, una melodía puede traer a la conciencia una certeza de presencia espiritual o un recuerdo de significado espiritual. Ciertamente, hay algunas verdades que simplemente son mejor expresadas a través del canto que habladas. Y como el himnólogo pactista Royce Eckhardt ha expresado: "No importa si puedes o no cantar, lo que importa es tener una canción".

Aunque los textos de la Escritura son comunes para todos nosotros, el uso de himnos no pretende suponer que sean normativos. Los himnos simplemente dirigen la atención al patrimonio de la Iglesia del Pacto. La música contemporánea es igualmente ilustrativa de la obra del Espíritu.

La obra del Espíritu es amplia y diversa:

1) *Inspira, edifica, reanima, renueva, motiva* (Isaías 61:1-3; Ezequiel 37:9; Joel 2:28-29; Romanos 15:30; 1 Corintios 2:9-11). Como miembro de una congregación afroamericana, escucho frecuentemente una oración de acción de gracias por "haberme despertado esta mañana". Para mucha gente, la vida es difícil y a veces

se necesita un estímulo adicional, aun para empezar el día. Por eso nos sentimos agradecidos cuando el aliento mismo del Espíritu de Dios se manifiesta como lo expresa la canción "Santo Consolador, aviva tú mi ser; que lo que amas pueda yo amar, y tu voluntad hacer" (Celebremos su gloria, #258; *The Covenant Hymnal: A Worshipbook*, #283).*

2) *Guía, conduce, dirige, aparta* (Salmo 143:10; Zacarías 4:6; Juan 4:23-24; Hechos 8:29; Gálatas 5:16-18). En un mundo cada vez más lleno de opciones y preferencias, sería muy triste tener que tomar decisiones sin una buena orientación. Más allá del consejo de amigos y familia, la guía del Espíritu Santo es como una brújula para el peregrino cristiano. El himno, "Espíritu Santo, guía fiel" declara: "Siempre presente, amigo verdadero y fiel, siempre cercano a ayudar, no nos dejes solos, con duda y temor, en medio de la oscuridad" (*The Hymnal* [1950], #210).

3) *Juzga, convence, cambia, inquieta* (Isaías 40:7, 13; 63:10; 1 Corintios 3:16; 2 Corintios 3:17; Apocalipsis 2:1-3:22). Los verdaderos amigos son aquellos que saben decir "no" y "sí," cuando es necesario. Saben animar y consolar, corregir y también afirmar. En el himno: "Transfórmame, Espíritu," vemos esta manifestación de la obra del Espíritu en nosotros: "Hazme sensible a tu dirección; quiero vencer el mal con disposición; silencia la duda y la murmuración; dame constancia en la oración" (*Celebremos su gloria*, #260; *The Covenant Hymnal: A Worshipbook*, #294).

***Nota del editor:** En los casos donde el himno o la canción tomada de uno de los varios himnarios del Pacto en inglés, haya sido traducido al español, la fuente de esta versión se cita primero (por ejemplo, Celebremos su gloria). Donde no existe una traducción al español publicada, aparece una traducción libre del inglés al español, y se cita únicamente la fuente en inglés.

4) *Congrega, unifica, reconcilia* (Isaías 34:16; Hechos 15:28; 1 Corintios 12:4-7; Efesios 4:3-6; Apocalipsis 22:17). A pesar de nuestro patrimonio pietista, el cual algunas veces se centra solo en el individuo, y pierde la perspectiva de que somos *"nosotros"* en vez de *"yo"*, el himno patrimonial, "Oh aliento de vida," nos recuerda que el Espíritu de Dios es quien nos hace uno, nos mantiene unidos, nos edifica juntos, y al mismo tiempo empodera nuestro testimonio y servicio común. "Oh aliento de vida, ven y concédele a tu iglesia poder y vida. Oh aliento de vida, ven, límpianos, renuévanos, y prepara a tu iglesia para la lucha seguir" (*The Covenant Hymnal: A Worshipbook*, #599).

5) *Acrecienta, nutre, conforma, construye* (Jueces 13:24-25; Juan 3:5; Juan 14:16-17; 2 Corintios 3:3, 17-18; Gálatas 3:5; 5:22-25). Como se mencionó anteriormente, Dios nos ama dondequiera que estemos, y nos ama de tal manera que nunca nos abandona. El himno "Espíritu Santo, con luz divina" refleja este amor y recalca la doctrina de la Reforma de la santificación. Justificados seguramente por la gracia en Cristo Jesús, estamos siendo santificados continuamente, creciendo en la gracia dada por el Espíritu Santo: "Espíritu Santo, tú que eres divino, mora dentro de cada corazón; destruye cada ídolo que haya en nuestra vida, reina como nuestro único y supremo rey" (*The Covenant Hymnal* [1973], #267).

6) *Intercede, da voz, fortalece* (Números 27:18; Miqueas 3:8; Romanos 8:26-27; 1 Corintios 12:3; Gálatas 4:6; Efesios 6:18). Tanto las oraciones que pronunciamos y nuestra labor y fruto en el mundo son obra del Espíritu. Esta verdad la afirma el himno en inglés del siglo diecinueve "cristianos, nos hemos reunido para adorar", la cual fue una estrofa nueva introducida por primera vez

en 1990 en el libro de canciones del Pacto *"The song goes on"* *(La canción continúa)*: (*The Covenant Hymnal: A Worshipbook*, #502).

7) **Consuela y afirma** (Job 27:3-4; Salmo 139:7; Lucas 11:13; 1 Corintios 6:11; 2 Corintios 1:22; 5:5). Ni Dios el Padre, ni Jesús su Hijo, hacen falsas promesas. Con la presencia y el poder del Espíritu Santo, el consolador se manifiesta en nuestra vida. El himno "Espíritu celestial, Espíritu apacible," expresa esa realidad. (*The Covenant Hymnal* [1973], #269).

8) **Crea y renueva** (Génesis 1:2; 2:7; Job 33:4; Salmo 104:30; Apocalipsis 11:11). La canción es corta, pero el texto (Salmo 51:10-13) es directo. El significado de "Crea en mí un corazón limpio" es claro. Sin el Espíritu Santo, nuestro propio espíritu puede extraviarse: "No me alejes de tu presencia, ni me quites tu santo Espíritu. Devuélveme la alegría de tu salvación y ésta me sostenga" (*The Covenant Hymnal: A Worshipbook*, #360).

Sea dicho o cantado, en discurso o en melodía, vemos el amplio testimonio de la obra del Espíritu Santo para destacar la afirmación del Pacto de una "dependencia consciente". Sin embargo, debemos recordar que enfocarse excesiva o exclusivamente en las múltiples actividades del Espíritu Santo, nos puede llevar a olvidar que el Espíritu Santo es la tercera *persona* de la Trinidad, no la tercera *función* de Dios.

Además, es importante destacar que, al reconocer la amplia gama de actividades del Espíritu y el ámbito de todos los dones del Espíritu, el Pacto tiene cuidado de evitar que alguno de estos dones sea particularmente normativo en la experiencia cristiana. Por eso no somos una "denominación carismática" aunque estamos completamente abiertos a la benevolente soberanía del Espíritu en la vida del cristiano y de la iglesia cristiana.

Cómo. Los diferentes modos en que el Espíritu Santo manifiesta su acción son tan múltiples como sus mismas obras. Sin embargo, la misma la Escritura nos provee dos categorías para la manifestación y acción del Espíritu: fruto y dones.

1) *Fruto.* Los nueve frutos del Espíritu que Pablo enumera en su carta a las iglesias en Gálatas (5:22-23a) son disposiciones, cualidades o características de personas o grupos a quienes "el Espíritu guía" y a quienes "el Espíritu da vida" (5:18, 25). Estos frutos son amor, alegría, paz, paciencia, amabilidad, bondad, fidelidad, humildad y dominio propio.

La elección que hace Pablo de la palabra fruto como metáfora es ingeniosa, y además es una forma de explicar el tema sobre la "dependencia consciente". Uno no *"decide"* ser fruto. Para que haya fruto se requieren varias acciones: preparar de la tierra, sembrar, cuidar y nutrir, podar y finalmente recoger la cosecha en el tiempo de maduración— no se hace ni antes ni después. El fruto del Espíritu es algo muy diferente si lo comparamos, por ejemplo, con los propósitos que hacemos cuando empieza un nuevo año. Ciertamente ambos implican un trabajo consciente, pero el propósito se cumple sólo como resultado de nuestra intención. El fruto viene por la voluntad de Dios, en el tiempo de Dios, y según la condición de Dios. El fruto espera; el propósito desea. El fruto confía y recibe, reconoce y da gracias; el propósito planea y obtiene logros.

2) *Dones.* Los dones del Espíritu son identificados en varios pasajes del Nuevo Testamento, principalmente en Romanos 12:6-8; 1 Corintios 12:1-11; Efesios 4:7, 11-12; 1 Pedro 4:10-11. El dis-

cípulo cristiano puede estudiar los relatos de la Biblia hebrea en el Antiguo Testamento, y en el libro de los Hechos, para entender cómo y dónde obra el *ruach, es decir* el Espíritu de Dios. Este estudio le ayudará a tener una visión más amplia sobre cómo el Espíritu afirma, sostiene, juzga y transforma a la humanidad o a personas en particular. Estas acciones son también "dones," aunque no sean percibidas inmediatamente como tales. Cuando estas acciones se manifiestan, no dependen de iniciativas propias. Una situación difícil, la cual deja una enseñanza, puede verse como un castigo, pero también puede verse como un don.

Hay varias preguntas sobre los dones del Espíritu, incluyendo si los dones son únicamente canónicos [es decir, que cesaron al final de la época en la que fueron escritos los libros de la Biblia]. También se pregunta si los dones pueden, como en el caso de la "hospitalidad," manifestarse en el presente. También hay diferentes opiniones en torno a los dones milagrosos como la sanidad y la profecía y sobre los medios que se utilizan para el discernimiento de los dones. Pero es claro que los dones del Espíritu son dados para la edificación de la iglesia (1 Corintios 12:7; 14:4-5, 12), sin embargo, el contexto entre el don del individuo y el beneficio colectivo de la iglesia como cuerpo, no siempre es claro.

Un asunto aún más complicado que el de los dones del Espíritu, y que provoca discusión y controversia, es sobre la obra de Jesús como hijo de Dios. Esta controversia ocurre cuando se olvida el hecho de que Dios envío a su Hijo y a su Espíritu, no sólo porque Dios ama a la iglesia, sino porque Dios ama al mundo (Juan 3.16). La enorme compasión de Dios es tan profunda, no solo para su iglesia sino para aquellos que están fuera de la iglesia. Los dones son dados para ser compartidos, o al menos para capacitar a aquellos que están conscientemente dispuestos a ponerlos al servicio de otros. Los dones no son para poseerlos aisladamente, sino para compartirlos con otros, porque lo opuesto al amor no es el odio sino el egoísmo. Aferrarse, en vez de soltar y compartir, es entender y utilizar erróneamente los dones del Espíritu. Confiar y dejar que sea Dios quien nos guíe sobre cómo usar sabiamente los dones que nos ha dado, es tener una *"dependencia consciente"* del Espíritu Santo; ese es el propósito de Dios para todos sus discípulos.

CONCLUSIÓN

En la versión en inglés del himno de Martín Lutero "Castillo fuerte," aparece la frase que, traducida al español, declara: "el Espíritu y los dones son nuestros". A pesar de que podemos afirmar estas palabras con entusiasmo, la verdad es que muchos de los dones del Espíritu se quedan en la iglesia sin ser descubiertos y, por lo tanto, sin ser utilizados. Esto sucede por muchas razones: una falta de conciencia de los recursos de Dios o una falta de confianza en ellos, teologías que limitan los dones a otras épocas, y a circunstancias especiales, convicciones que excluyen lo que posiblemente no encaja con el programa vigente, o simplemente líderes de la iglesia no interesados en tomar el tiempo para descubrir qué miembros de sus congregaciones tienen dones.

Tal vez por eso a lo largo del tiempo, Dios ha tenido que recordar, rememorar, renovar, y avivar tanto a su pueblo Israel como también a la iglesia. Ambos se han visto obligados a entender que lo que falta no es el poder y la presencia del Espíritu, sino una conciencia propia *de* y confianza *en* el mismo Espíritu. La manifestación de personas y movimientos en la historia de la Iglesia, como los monásticos, los místicos, los wesleyanos, pentecostales, y carismáticos, puede ser precisamente, la forma como Dios ha decidido que la tercera persona de la Trinidad irrumpa abriendo puertas como un fuerte viento para despertar a unos cuantos que están sentados relajadamente en bancas muy cómodas. La renovación y crecimiento de la iglesia cristiana a través de la manifestación y movimiento del Espíritu Santo en África, Asia y América Latina ha desafiado las normas teológicas practicadas en Occidente, y al mismo tiempo ofrece opciones frescas y nuevas de lo que es una fe viva y renovada.

El Espíritu Santo está presente y es poderoso. Ese mismo Espíritu derramado será manifestó: "Y después de esto derramaré mi Espíritu sobre toda carne, y profetizarán vuestros hijos y vuestras hijas; vuestros ancianos soñarán sueños, y vuestros jóvenes verán visiones" (Joel 2:28). Y para aquellos de nosotros que, buscamos simplemente su presencia, el Espíritu pastoral de Dios proveerá "un descanso estable... no un extraño más, ni un huésped, sino será como un niño en su propia casa" (*The Covenant Hymnal: A Worshipbook*, #91).

NOTAS

1. Martín Lutero, Catecismo menor, 1529.

2. A. L. Skoog, "We Wait for a Great and Glorious Day," *The Covenant Hymnal: A Worshipbook* (Chicago: Covenant Publications, 1996), 772.

3. Donald C. Frisk, *Covenant Affirmations: This We Believe* (Chicago: Covenant Press, 1981), 108.

4. Richard F. Lovelace, "The Sanctification Gap: Articulating the Christian Experience," *Theology Today*, 29/4 (enero 1973): 363-69.

5. Anne Lamott, *Traveling Mercies: Some Thoughts on Faith* (New York: Pantheon Books, 1999), 135.

6. Joseph A. Grassi, "Blueprint for a Missionary Church: Scriptural Reflections on the Church as People of God," en *The Church as Sign*, editor William Jerome Richardson (Maryknoll, NY: Maryknoll, 1968), 16.

PARA UNA LECTURA ADICIONAL

Frisk, Donald C. "The Holy Spirit and Salvation." Capítulo 8 en *Covenant Affirmations: This We Believe*. Chicago: Covenant Press, 1981.

Frisk, Donald C. *The New Life in Christ*. Chicago: Covenant Press, 1969.

Heron, Alasdair I. C. *The Holy Spirit*. Philadelphia: Westminster Press, 1983.

Johnston, Robert K, editor. "The Ministry of the Holy Spirit in the Covenant Today." *The Covenant Quarterly* (Covenant Publications) 44, número 4 (1987): 49-53.

Lovelace, Richard F. "The Sanctification Gap: Articulating the Christian Experience," *Theology Today* 29, número 4 (Enero 1973): 363-69; posteriormente incluido como Capítulo 7 en *Dynamics of the Spiritual Life*. Downers Grove, IL: InterVarsity Press, 1979.

Olsson, Karl A. *By One Spirit*. Chicago: Covenant Press, 1962.

PARA REFLEXIÓN Y DISCUSIÓN: CAPÍTULO SEIS, UNA DEPENDENCIA CONSCIENTE DEL ESPÍRITU SANTO

1) ¿Cuáles versículos, de los que han sido nombrados en este capítulo o algunos que le vengan a la mente, son de apoyo para entender el significado y rol del Espíritu Santo? ¿Cómo le describiría a otra persona el Espíritu Santo?

2)   ¿Qué imagen se le viene a la mente sobre el Espíritu Santo, y sobre cómo se interrelacionan las personas de la Trinidad? ¿Cómo describe su iglesia la obra del Espíritu Santo en cuanto a la adoración, el uso de las artes, o el uso del lenguaje? ¿Según su experiencia, de qué manera se relaciona el Espíritu Santo con la metáfora de la danza, la metáfora del viento, u otro ejemplo mencionado en el capítulo?

3)   ¿Cómo cree que se manifiesta la presencia del Espíritu Santo en la iglesia? ¿Cómo cree que se manifiesta el poder del Espíritu Santo? ¿Cree usted que la presencia y poder del Espíritu es de consuelo y ánimo para la iglesia? ¿O es más bien de temor e incertidumbre? ¿Por qué?

4)   Basándose en la lista de los ocho grupos de acciones del Espíritu Santo (por ejemplo, el primer grupo: *inspira, edifica, reanima, renueva, motiva*), reflexione sobre las formas en que el Espíritu nos recuerda quiénes somos como individuos y como iglesia.

5)   ¿Cuál es la postura de alguien que está conscientemente dependiente del Espíritu Santo? ¿En qué forma los comentarios en este capítulo sobre el fruto y los dones del Espíritu, le ayudan a responder esta pregunta?

7

La Realidad de la Libertad en Cristo

RAÍCES HISTORICAS

En su libro, *El concepto de la angustia*, el filósofo y teólogo danés del siglo XIX, Søren Kierkegaard, escribió que la esclavitud al pecado está enraizada fundamentalmente en la realidad de la libertad humana. La humanidad es creada a la imagen de Dios con la libertad única de poder escoger y afirmaba Kierkegaard, que, en el caso de la humanidad, la angustia es la precondición y consecuencia de haber escogido erróneamente, con la incapacidad absoluta de desear el bien eterno entre todas las posibilidades que enfrenta cada persona. Somos justificados por gracia por medio de la fe, y solamente la obra salvadora de Dios en Cristo restaura la libertad verdadera. La angustia inherente por ser finitamente humanos delante de un Creador infinito, es una experiencia humana universal muy arraigada. Confrontando la realidad de la angustia frente a la libertad humana y su condición de ser finitos, los primeros pactistas expresaron y entonaron canciones en cuanto a la libertad frente a esta angustia. Esa libertad, fue posible porque habían vivido la experiencia de una vida nueva en Cristo. Habían experimentado la realidad de la verdadera libertad en Jesús, y a pesar de que la vida esté llena de preocupaciones, esa clase de angustia ya no tenía por qué ser tan grande y temida.

Nils Frykman (1842-1911) en una de las muchas canciones que compuso, empezó con la pregunta: "¿Por qué debo estar ansioso?" Muy populares en las reuniones de los *Amigos de la Misión* y en la vida del Pacto, sus composiciones y melodías musicales eran alegres, y surgieron como resultado de una crisis personal. Frykman fue maestro de escuela durante mucho tiempo antes de llegar a ser pastor pactista en Suecia y luego en los Estados Unidos, después de su inmigración en 1886. La ley radical de reforma educativa de 1842 creó nuevas escuelas en Suecia para entrenar a maestros profesionales; la instrucción de niños se había confiado previamente sólo a pastores, lo cual tenía diversos grados de efectividad. Como el movimiento de renovación espiritual estaba estrechamente alineado con la reforma social y la iniciativa personal, muchos *Amigos de la Misión* percibieron un llamado a la vocación de la enseñanza. Fue inevitable, por lo tanto, que los pastores fueran acusados continuamente, de hacer proselitismo por ir más allá de la instrucción formal prescrita por el estado.

Aunque consciente de sus límites profesionales, Frykman sufrió por las sutiles observaciones y acusaciones que le hacían los padres de familia y las autoridades civiles. Un día fue citado a presentarse ante el consejo administrativo de la escuela, y la angustia de esta situación le dejó inmóvil. El día de la reunión, detuvo el caballo de su carruaje y se arrodilló desesperado, llorando y clamando a Dios. Poco a poco fue sintiendo paz y seguridad, y una vez que sintió su confianza renovada, continuó la tarea de enfrentar a sus acusadores. Antes de llegar a la escuela, ya había esbozado en su mente las palabras y la música de una canción: "¿Por qué debo estar ansioso? Yo tengo un Amigo el cual sostiene en su corazón toda mi aflicción" (*The Covenant Hymnal: A Worshipbook*, #431). Frykman cantó estas palabras, y se sintió libre.

Varios pasajes bíblicos claves se analizaron antes de que los delegados que se reunieron en Chicago en febrero de 1885 emitieran el voto unánime para formar la Iglesia del Pacto Evangélico. Uno de esos pasajes fue Gálatas 5.1: "Estad, pues, firmes en la libertad con que Cristo nos hizo libres, y no estéis otra vez sujetos al yugo de esclavitud". Como ya habían experimentado la nueva vida liberadora en Cristo, los *Amigos de la Misión* prestaron atención a cuestiones referentes a las dimensiones comunales y eclesiales de la libertad, y estaban preparados para dar forma a la identidad de una nueva denominación. Un ejemplo de este proceso fue la apertura que tuvieron de aceptar tanto el bautismo de infantes como el bautismo de adultos, bautismos fundados bíblica y teológicamente. Esta posición encarnó una difícil tensión la cual tuvieron que vivir, porque les dispensó libertad de discernimiento a individuos y familias, independientemente de lo que prescribiera la doctrina. Lo cierto es que la postura del Pacto respecto al bautismo tuvo su origen en discusiones que se originaron durante la época de 1870 y posteriormente dicha postura emergió con clara convicción. Si creemos que el Señor desea que todos los hijos de Dios vivan juntos, entonces el bautismo no debería ser una doctrina que divida a los que han experimentado la realidad de la libertad en Cristo.

Esta división tristemente había existido durante cerca de 450 años de historia.* Por lo tanto, la historia del bautismo en la Iglesia del Pacto ha sido una importante prueba, de lo que se entiende como la libertad teológica, acompañada por un compromiso comunitario sobre la autoridad de la Biblia, la cual es situada por encima de cualquier interpretación individual.

Es fácilmente entendible que la afirmación del Pacto sobre la realidad de la libertad en Cristo sea inseparable de la afirmación sobre la centralidad de las Escrituras. Los primeros pactistas creían que la consecuencia más importante de la controversia sobre la expiación de Cristo condujo a la mayoría de los *Amigos de la Misión* a una claridad unificada sobre la naturaleza de la iglesia y una generosa ortodoxa de libertad doctrinal independiente de credos y confesiones oficiales.** Dicha libertad, sin embargo, fue condenada como peligrosa por la iglesia luterana estatal de Suecia y por el Sínodo de Augustana, iglesia homóloga en los Estados Unidos. Un momento crítico y simbólico ocurrió diez años antes de que la Iglesia del Pacto fuera formada en Chicago. La "Normativa" de Galesburg" fue adoptada en 1875 por la conferencia anual del Sínodo de Augustana celebrada en la ciudad de Galesburg, Illinois. Esta regla representaba un esfuerzo por controlar a los partidarios

---

*Nota del editor: Fue en 1525 cuando emergieron los reformadores anabaptistas, los cuales rechazaban el bautismo de infantes como lo practicaban tanto las iglesias luteranas, como las iglesias reformadas que se identificaron con Ulrico Zwinglio y Juan Calvino.

**Nota del editor: En el capítulo 2, la sección RAÍCES HISTÓRICAS contiene un breve resumen de la controversia que surgió en la Iglesia del Pacto sobre la actividad expiatoria de Cristo, a raíz de la pregunta hecha por Pablo Pedro Waldenstöm y otros, "¿Y dónde está escrito?"

de Waldenström y la interpretación que él sustentaba sobre la actividad expiatoria de Cristo. Los miembros del Sínodo de Augustana pensaban que los seguidores de Waldenström, criticaban la Confesión luterana de Augsburgo que devoraba como langostas el paisaje formado por la inmigración sueca a los Estados Unidos. Cuando la Regla de Galesburg declaraba que solamente a los pastores luteranos con credencial, les estaba permitido predicar en púlpitos luteranos, y que solamente a los miembros luteranos con credencial les estaba permitido recibir la Santa Cena, los *Amigos de la Misión* respondieron: "Los púlpitos son para todos los predicadores evangélicos, y la mesa del Señor es para todos los hijos de Dios". Esa fue una declaración de la libertad en Cristo. La invitación a la Santa Cena en la Iglesia del Pacto declara, "Todos los que ponen su fe y confianza en Cristo son bienvenidos a esta mesa".

Los creadores de la primera Iglesia del Pacto, que habían renacido espiritualmente, poseían un ideal equilibrado, no sólo sobre lo que constituye la iglesia, sino también sobre cómo las personas pueden vivir juntas y en armonía, con humildad e integridad. Aunque esto ha permanecido como un ideal que se procura encarnar, los pactistas afirman que la libertad tiene que ver con lo que se concede a otros, en vez de lo que uno reclama para sí mismo. David Nyvall describió esta libertad, como el último de los dones espirituales que se desarrolla y madura, al ser libre para el bien de los demás, más que para el bien de uno mismo.

Nils Frykman escribió una canción espiritual, en sueco, literalmente con estas palabras, "¿Por qué debo llorar?" Nils era un cristiano comprometido. Y como muchos cristianos, sufría episodios ocasionales de ansiedad y melancolía. Un experto en los himnos del

Pacto en sueco dijo que la verdadera alegría y libertad en Cristo de Frykman, le sirvió para combatir y ahuyentar esos momentos de oscuridad. En una estrofa de sus himnos, podemos proclamar:

> Yo canto con gozo y alegría,
> mi alma ha encontrado libertad;
> ahora libre del pecado y la
> tristeza, con Dios vivo en paz:
> su eterna misericordia
> me ha sido revelada,
> su verdad en mi corazón ha sido
> sellada.

(The Covenant Hymnal: A Worshipbook, #498)

7

LA AFIRMACIÓN

La Iglesia del Pacto procura centrarse en lo que une a los seguidores de Jesucristo, en vez de lo que los separa. El eje de nuestro compromiso es una fe clara en Jesucristo. *La centralidad de la Palabra de Dios, la necesidad del nuevo nacimiento, un compromiso con la misión integral de la Iglesia, la iglesia como una comunidad de creyentes, y una dependencia consciente del Espíritu Santo* forman los parámetros en los cuales se experimenta la libertad. Es así como los seguidores de Cristo encuentran la seguridad para ofrecer libertad los unos a los otros en asuntos que de otra forma podrían dividirlos.

La libertad es un concepto frecuentemente mal entendido. En la cultura occidental, libertad se entiende como autonomía e independencia. Nadie, sin embargo, puede ser totalmente autónomo e independiente. La libertad auténtica se manifiesta en una debida relación con Dios y con los demás. Por esta razón *la Libertad en Cristo* es altamente valorada en la Iglesia del Pacto. Libertad es un don de Dios en Cristo, a todos aquellos que están dispuestos a recibirlo. "Si vosotros permaneciereis en mi palabra, seréis verdaderamente mis discípulos; y conoceréis la verdad, y la verdad os hará libres" (Juan 8:31b-32).

La liberación es uno de los principales temas de la Biblia. En los preludios de la historia de Israel, el pueblo de Dios fue liberado de la esclavitud de Egipto y comenzó su largo peregrinaje hacia la tierra prometida. La historia continúa con el trabajo liberador de los jueces, quienes rescataron a Israel de sus enemigos. David, el más ilustre rey de Israel, los liberó de los filisteos y estableció un reino comprometido con Dios. Pero ese reino no permaneció. Las Escrituras hebreas terminan con Israel, una vez más bajo la esclavitud de sus enemigos, pero esperando la promesa de la liberación de Dios. A lo largo de esta historia la libertad del pueblo de Dios no es sólo *libertad de, sino libertad para.* Ellos fueron liberados de Egipto para adorar y servir a Dios. Fueron llamados a la libertad no sólo a servirse los unos a los otros, sino también a servir al extranjero, a la viuda y al huérfano—a todos los que sufren y son marginados por las circunstancias injustas de la vida.

Jesús vino como el ungido de Dios a continuar el programa liberador de Dios. Según Pablo el apóstol, Cristo nos hace libres del poder que tenía el pecado para condenar, controlar y destruir. El pueblo de Dios no está sin pecado, pero encuentra en la muerte y la resurrección de Jesús, la libertad gloriosa de los hijos de Dios. Pero, igual que en las Escrituras hebreas, esta libertad nunca es únicamente personal e individualista. Por el poder de su Espíritu que da vida, Cristo nos traslada a una nueva esfera—un reino donde la luz, la vida y el gozo prevalecen. "Estad, pues, firmes en la libertad con que Cristo nos hizo libres" (Gálatas 5:1a). Con esta libertad el creyente no sólo busca obedecer y seguir a Dios, sino también generar la liberación de otros de sus pecados y opresiones en que viven. Esta libertad está "en Cristo". Esta libertad está "en Cristo". Según Martín Lutero, por gracia Dios hace de una persona, "un señor perfectamente libre de todos, no sujeto a nadie" y al mismo tiempo "un siervo perfectamente obediente a todos, sujeto a todos". Para Pablo tal libertad significa que los creyentes son liberados de las opresivas restricciones de la cultura y de un sistema de creencias, para que puedan vivir en una nueva realidad: "Ya no hay judío ni griego; no hay esclavo ni libre; no hay varón ni mujer; porque todos vosotros sois uno en Cristo Jesús" (Gálatas 3:28).

La verdadera libertad se encuentra en esta tensión creativa, entre el espíritu señorial y el espíritu de servicio. Dios quiere que sus hijos quieran ser libremente lo que él quiso que fueran cuando los creó en perfecta libertad. Esta libertad no es para la autocomplacencia, sino para servir a la comunidad y al mundo, movidos por el amor a Dios (Gálatas 5:13).

La Iglesia del Pacto ha analizado cómo reconocer las tensiones inherentes a esta libertad. Ha entendido que la Palabra de Dios es soberana sobre cualquier interpretación humana que se haga de ella—incluyendo nuestra interpretación como iglesia. La libertad del Pacto opera dentro del contexto establecido por otros principios considerados primarios, particularmente la autoridad de la Escritura. Dentro de estos parámetros el principio de libertad se aplica en asuntos doctrinales que podrían llevar a la división. Con una modestia que nace de la confianza en Dios, la iglesia del Pacto se ha ofrecido mutuamente la libertad teológica y personal, especialmente cuando los documentos bíblicos e históricos parecen permitir una variedad de interpretaciones de la voluntad y los propósitos de Dios. Esto ha llevado algunas veces a la controversia en asuntos como el bautismo, la segunda venida de Cristo, la naturaleza precisa de la inspiración de las Escrituras o sobre cómo puede entenderse la expiación de Cristo, y otros asuntos de vida y práctica. Sin embargo, una constante en cuanto a los compromisos con la Biblia como la Palabra de Dios, y el consenso sobre la interpretación histórica que ha hecho la iglesia cristiana han permanecido. Este compromiso con la libertad ha mantenido unida a la Iglesia del Pacto, en momentos cuando hubiera sido más fácil romper la comunión y dividir el cuerpo de Cristo.

Para algunas personas tal libertad no es libertad. Preferirían tener órdenes claras y una fuente de autoridad intachable para soportar toda la carga, en vez de cargar con la responsabilidad de tener que decidir. No es fácil ser libre. Pero limitar la libertad no muestra sabiduría sino inmadurez. Mostraría a un pueblo que no ha llegado a su mayoría de edad como heredero de los buenos dones de Dios (Gálatas 3:23-29). Sin embargo, buscar libertad nada más por el hecho de sentirse libres, es perder esa libertad. La libertad no es para la auto complacencia o el auto engrandecimiento, sino para servir y amar a Dios, en quien solamente se encuentra la verdadera libertad.

La Iglesia del Pacto atesora esta libertad en Cristo y reconoce, como uno de nuestros antepasados dijo, que la libertad es un don y el último de todos los dones en los que debemos madurar. Mientras tanto habrá preguntas y conflictos. La completa madurez y el pleno entendimiento nos esperan el día cuando, "Los reinos del mundo han venido a ser de nuestro Dios y de Cristo; cuando él reinará por los siglos de los siglos" (Apocalipsis 11:15). Mientras tanto nos ofrecemos mutuamente la libertad, ya que, para el pueblo del Pacto, libertad no es algo que reclamamos para nosotros mismos, sino que la ofrecemos a otros. Al hacer esto, simplemente compartimos el don de la libertad que Dios nos ha dado en Cristo Jesús.

7

REFLEXIÓN TEOLÓGICA

Max Lucado en su libro, *No Wonder They Call Him Savior (No es de extrañar que le llamen Salvador)*, narra la historia de una broma: un grupo de jóvenes astutos forzaron la entrada de un almacén local; no robaron nada, pero cambiaron y mezclaron todas las etiquetas de los precios de los productos. Borraron sus huellas y salieron. Al día siguiente, y durante cuatro horas, nadie se dio cuenta que los precios habían sido cambiados y mezclados. Algunos clientes compraron las mejores gangas y otros fueron estafados. ¿Qué ilustra esta historia? Vivimos en un mundo cuyas etiquetas están cambiadas. Las cosas que son verdaderamente valiosas—honestidad, integridad, pureza—son vendidas por debajo de su precio real, y las cosas que desde una perspectiva eterna no son nada importantes—la ventana de la oficina con una buena vista, el automóvil Ferrari y la apariencia de importancia que nos da de un estilo de vida exitosa—son compradas por el valor del alma de las personas.

Tal es el poder del pecado que distorsiona por completo nuestro sistema de valor personal (Romanos 1:24-32). Somos esclavos de aquello que más valoramos (2 Pedro 2:19).

La libertad está asociada con muchas cosas de nuestra cultura. Libertad es tener gran variedad de opciones. La libertad es un indicador de democracia y voluntad humana. La libertad es una elección económica, donde el individuo llega hasta donde quiere, por esfuerzo propio. La libertad es por lo tanto autodeterminación y justicia para todos y culminar con lograr el sueño del éxito y la felicidad. ¡Libertad es lo que queramos tener!

Irónicamente, la gente cree que buscar y alcanzar sus deseos—sin importar cuán barata sea la emoción o qué tan dañino sea el placer—es una expresión de libertad. Pero la Biblia identifica esta clase de autonomía moral, con la esclavitud al pecado (Génesis 3:5-6; Romanos 7:7-20). Esta es la paradoja de la libertad bíblica: estamos dominados por la esclavitud cuando hacemos lo que equivocadamente deseamos, y somos más libres cuando nos convertimos en esclavos de Dios y hacemos lo que Dios quiere conforme a su verdad. El Apóstol Pablo lo puso de esta manera: "Cuando ustedes eran esclavos del pecado, estaban libres del dominio de la justicia" (Romanos 6:20), pero "y libertados del pecado, vinisteis a ser siervos de la justicia" (Romanos 6:18). En otras palabras, la falsa libertad es seguir los deseos de nuestro corazón cuando ese mismo corazón es corrupto, torcido, y controlado por valores equivocados. A veces ni siquiera sabemos dónde se originan nuestras normas de vida, pero tal como sucede con el polvo de la calle, recogemos ideas y hábitos para nuestra vida de fuentes mundanas desconocidas. Mientras creamos en ellas, tendrán poder sobre nosotros (Colosenses 2:8).

La libertad verdadera es dejar que Aquel que nos conoce mejor—nuestro Creador y Padre celestial (Salmo 139:13-16)—nos diga quiénes somos y cómo podemos florecer. Si, como dice Génesis, de verdad creemos que los seres humanos fuimos creados para el bien, entonces detrás de esas nociones de elección personal, éxito, participación, libertad y felicidad, está la idea de que debemos vivir como Dios propuso que viviéramos—en la búsqueda del bien, de la justicia de Dios, y de una vida santa que glorifique a nuestro Creador.

La libertad verdadera es dejar que nuestro Redentor y Salvador cambie las etiquetas con nuevos precios en nuestro sistema moral, poniéndolas en el debido lugar de origen (Romanos 12:1-2). La cruz de Jesús nos libera del reino del pecado y de la muerte (Gálatas 3:13-14; 4:3-7; Romanos 6:22-23). El poder de la libertad cristiana no se concede a través de leyes humanas, derechos, privilegios o capital. Se concede por un solo acontecimiento y en curso—la redención. Cristo murió en la cruz para librarnos del pecado; Cristo resucitó de entre los muertos para liberarnos y llevarnos hacia una nueva vida en él; Cristo vendrá otra vez para liberarnos finalmente en la plenitud de los nuevos cielos y la nueva tierra.

La verdadera libertad es, por lo tanto, vivir bajo la luz de nuestro Señor. Es tener el poder de hacer el bien y de vivir bien y dignamente delante de Dios (Romanos 6:16-23), honrando a aquel que nos creó y nos redimió. Al analizar lo que el Pacto quiere decir cuando afirma la realidad de la libertad en Cristo, significa que nos movemos entre la obra de Dios en la Creación y la Redención, como los ejes que definen el poder de nuestra libertad. Basados en las promesas de Dios para la iglesia, ofrecemos una alternativa a ciertas interpretaciones de la libertad, por ejemplo, que la libertad es tolerancia, es acordar estar en desacuerdo, es mantener cualquier postura teológica que uno desee, y es la idea que todo es permitido. La tolerancia, y el hecho de poder acordar y aceptar que algunas veces vamos a estar en desacuerdo, puede ser un marco útil para vivir juntos pacíficamente y tal vez son los primeros pasos. La libertad cristiana deriva su poder de la obra creadora y redentora de Dios, como lo promete la Escritura, y nos invita a una comunión más profunda que la comunión que proporciona el deseo de la tolerancia. Así es cómo el Pacto se ha apropiado históricamente de la afirmación de la libertad en Cristo.

RAÍCES TEOLÓGICAS

El Consejo Ministerial del Pacto—en 1963—nombró un comité para que preparara un estudio sobre la naturaleza de lo que ellos llamaron "nuestra altamente valorada libertad en el Pacto".[1] Al comité se le encargó examinar la naturaleza y el alcance de la libertad, como un aspecto único del patrimonio del Pacto en sus dimensiones bíblicas y teológicas. El documento "Biblical Authority and Christian Freedom" (Autoridad bíblica y libertad cristiana), que desarrolló el comité, dio como resultado un trabajo teológicamente inspirador hacia el futuro.

Este documento empieza articulando la libertad cristiana como el hecho de llegar a ser lo que éramos destinados a ser, y el poner en práctica el propósito mismo por el cual fuimos creados. Además, el documento concibe la libertad como el estado de estar libres y el proceso para llegar a ser libres.[2] Las palabras *estado de ser y proceso para llegar a ser* implican que la libertad es un regalo que se nos da una sola vez, y un regalo que nos moldea y nos transforma en forma continua. Además, las palabras *estado* y *proceso* nos sumergen profundamente dentro de la realidad de la *Creación y la Redención*, las dos realidades que enmarcan la libertad. Cuando nos referimos a libertad como un estado de ser libres, hablamos, en parte, de nuestra naturaleza como criaturas. Dios diseñó a los seres humanos con un propósito. Dios bendijo la Creación (Génesis 1-2), todos según su especie, ¡y manifestó que todo era bueno! Cuando Dios bendijo a Adán, Adán no fue solamente un recipiente de la bondad de Dios sino también un ser dotado con libertad—un ser que actúa de manera creativa junto con Dios. Esta libertad inicial está contenida dentro del contexto de bendición, y de esta forma representa la promesa de libertad hecha por Dios como parte de nuestra propia naturaleza. Por lo tanto, la libertad es un "estado". Sin embargo, este estado de ser, como criaturas dotadas con libertad, no es una realidad estática. Este estado tiene un *telos*, un propósito. Somos libres para vivir según la dirección y diseño de Dios para sus criaturas, y esta libertad genera preguntas. ¿Quiénes somos? ¿Cómo debemos vivir? ¿Quiénes debemos llegar a ser?

Al hacernos tales preguntas, nos trasladamos al aspecto de la libertad que es parte de nuestro proceso de llegar a ser. Génesis 1-3 da razón de este aspecto en términos de quiénes somos, con relación a nuestra creación. A saber, somos seres humanos hechos a imagen de Dios. Somos creados para reflejar la imagen de Dios, o para señalar la forma de llegar a Dios. Hablando en forma general, el llegar a ser libres es vivir en obediencia a la voluntad de Dios tal como nos ha sido dada en la Escritura.

Al leer la Palabra de Dios y permitir que ella penetre en nuestros corazones, creemos que nuestra voluntad se moldea de acuerdo con la voluntad de Dios y, además, sabemos que esto es esencial en el proceso de llegar a ser libres para vivir en Cristo.

En el tratado de Martín Lutero *De la libertad del cristiano*, él ofrece la perspectiva sobre nuestra conformación a la voluntad de Dios, usando las doctrinas de la justificación—la doctrina que tiene que ver con la muerte y la resurrección de Cristo como un acontecimiento salvador, y la santificación—la doctrina que tiene que ver con nuestra respuesta a esa realidad, y a la obra transformadora del Espíritu Santo en la vida del creyente. Lutero empieza el tratado con esta dialéctica:

- Un cristiano es un señor absolutamente libre de todos, no sujeto a nadie.
- Un cristiano es un siervo perfectamente obediente a todos, sujeto a todos.

La primera declaración trata sobre nuestra libertad sobre el pecado. Gracias a que Cristo murió en la cruz una vez y para siempre, nosotros ya no estamos atados al pecado. Cristo ya cargó sobre sí mismo el pecado y la muerte, librándonos para vivir en la luz de la resurrección. La segunda declaración se refiere a nuestra nueva vida en Cristo al estar mutuamente atados a él, a través de su resurrección. Como Cristo nos ha librado del pecado, somos libres para algo, libres para extender el maravilloso don de amor mediante el servicio de unos a otros.

El Pacto ha afirmado la asociación interna de la libertad, asociación entre "estado" (extendido en la creación y solidificado en la obra justificadora de Cristo en la cruz) y "proceso" (llegar a ser libres para entrar de lleno con nuestra vida en una nueva creación). De la misma manera, la dialéctica de Lutero revela la asociación entre la obra redentora de Dios y la vida ética, en la cual la redención se encuentra con la creación en forma continua.

Esta asociación nos da los parámetros dentro de los cuales podemos responder a las siguientes preguntas: ¿A quién pertenecemos?, ¿Cómo debemos vivir?, ¿Quiénes debemos llegar a ser? Como Pablo escribe en 1 Corintios, "Por lo cual, siendo libre de todos, me he hecho siervo de todos para ganar a mayor número" (9:19). Y en Romanos, él escribe que nosotros no debemos tener deudas pendientes con nadie, a no ser la de amarnos unos a otros (13:8). La libertad que Pablo enseña es tanto un estado que resulta del don de Dios, y un proceso como respuesta nuestra a ese don.

Los precursores del Pacto, los pietistas luteranos, entendieron bien esta dialéctica, tanto cuando se ocupaban en la reflexión teológica como cuando practicaban su fe. Ellos veían que la tarea de la formación cristiana estaba basada en la libertad para escoger el evangelio. Tal libertad cultivaba lo que ellos—retomando a Lutero—describían como una fe vital, viviente, o una fe que se anida en el corazón. Libres del pecado y libres para servirse mutuamente en amor, era más que una doctrina teológicamente rica—la libertad cristiana es la base para una fe que ama la lectura de la Escritura, la nueva vida en Cristo, la misión de la iglesia, el compañerismo de los creyentes y la inspiración del Espíritu Santo. La libertad, entonces, es una disciplina que abarca nuestra condición de creyentes dentro del contexto de la justificación y la santificación cooperativa de Dios.

Cuando el Pacto reflexiona teológicamente sobre la libertad cristiana en las afirmaciones, los hilos de Lutero y del pietismo están presentes; por lo tanto, el enfoque está en lo que une a los seguidores de Jesucristo. Nosotros estimamos la libertad como un don que Dios da a todos los que están dispuestos a recibirlo. De esta forma descansamos primero, en la acción de Dios en Jesucristo y en el don de Dios ofrecido en la creación, y, en segundo lugar, descansamos en nuestra disposición a recibir la libertad.

El Pacto enmarca correctamente la sexta afirmación. Afirma la libertad cristiana en términos de la práctica—recibiendo el regalo de la salvación, amando a Dios, y sirviendo a nuestros prójimos. Este es un aspecto esencial de cómo entiende el Pacto la libertad cristiana. Sin embargo, la libertad también está enmarcada por nuestras afirmaciones que son comunes a toda la Iglesia cristiana, y las cinco afirmaciones del Pacto previas. La libertad emerge en el contexto de las afirmaciones cristianas en común, las que nos marcan como una iglesia apostólica, una iglesia católica, una iglesia de la Reforma y una iglesia evangélica. Estas marcas establecen límites teológicos y parámetros que reconocemos para mantener la conversación, en tanto vivimos nuestra libertad en Cristo. La voz de la iglesia histórica, entonces, juega un papel crítico en cómo reflexionamos sobre nuestra fe, y cómo la practicamos. Además, la afirmación de la realidad de la libertad en Cristo viene al final de una lista que contiene otras cinco afirmaciones importantes: la centralidad de la Palabra de Dios, la necesidad del nuevo nacimiento, un compromiso con la misión integral de la iglesia, la iglesia como una comunidad de creyentes, y una dependencia consciente del Espíritu Santo. Estos compromisos, respecto a unidad con la iglesia universal de Cristo, y con una decisión de basar la libertad cristiana en las otras afirmaciones distintivas del Pacto, constituyen el contexto autoritativo dentro del cual recibimos y respondemos a la libertad que nos ha extendido Cristo.

La autoridad que da estructura a nuestra libertad—la Palabra de Dios—tiene como fin la unificación de la iglesia de Cristo. Sin embargo, ¿qué significa esto en la práctica? Si afirmamos que, como pactistas, los únicos requisitos para tener derecho a ser miembros de la iglesia local son el bautismo y una confesión de fe, ¿tenemos entonces la libertad de mantener cualquier postura teológica que nos agrade? Nosotros usamos el lenguaje de la unidad en el nivel de la fe, y el lenguaje de la diversidad en el nivel de la reflexión teológica. ¿Pero hemos adoptado un acuerdo acerca de lo que constituye la unidad en el nivel de la fe? O, para ponerlo en el lenguaje de Lutero, si la libertad es un don que recibimos (señor libre, sometido a nadie), ¿cómo debemos extender la libertad a otros? Pasamos ahora a una discusión sobre cómo podríamos interpretar las Escrituras a la luz de la tensión entre lo esencial (o no negociable) y lo no esencial (o negociable) de la fe, en el contexto del servicio mutuo en la libertad cristiana.

LEYENDO LA BIBLIA EN LA LIBERTAD CRISTIANA

Hasta el día en que Jesús venga de nuevo, la libertad es algo por lo que luchamos en nuestra vida cristiana, y la ponemos en práctica por medio de las disciplinas espirituales. Un ejemplo de tal disciplina es la vida de Pablo. En su carta a los corintios, por ejemplo, leemos cómo el apóstol de los gentiles—aunque libre por la fe, y por lo tanto no está sujeto a la conciencia ni al juicio de nadie (1 Corintios 10:29)—sin embargo, por amor, ha escogido libremente ser un esclavo de todos (1 Corintios 9:19). Él se ha hecho todo para todos, a fin de ganar a algunos para la iglesia, por medio de su ministerio (1 Corintios 9:20-23). Aunque como líder pastoral de Corinto, Pablo tenía derecho a recibir apoyo monetario de la iglesia (1 Corintios 9:12; compárese Deuteronomio 25:4), él alegremente renuncia a sus derechos como un apóstol para poder presentarles el evangelio "gratuitamente" (1 Corintios 9:12-18). Pablo rechazó recibir cualquier forma de auspicio de la congregación. De la misma manera, él esperaba que los corintios renunciaran a su derecho de comer cualquier cosa que desearan por el beneficio de amar libremente a sus hermanos y hermanas más débiles, que tal vez podrían tropezar a causa de la comida sacrificada a los ídolos (1 Corintios 8:1-13; 10:1-11:1).

El caso de la carne sacrificada a los ídolos (1 Corintios 8:1) aparece como un excelente ejemplo de cómo la iglesia local ejerce libertad para interpretar la Escritura, y aplica sus enseñanzas a una amplia variedad de situaciones culturales que pudieran manifestarse. Lo sacrificado a los ídolos era un tema candente en Corinto y posiblemente para todo el movimiento cristiano antiguo en el primer siglo (Hechos 15:28-29; Romanos 14:1-5; Apocalipsis 2:14-15, 20-23).

No había ningún lugar en el imperio romano donde un cristiano pudiera viajar, sin entrar en algún marco social o religioso donde se servía comida que había sido ofrecida a los ídolos.

En su carta a la iglesia de corintios, Pablo se dirige a tres de estos posibles marcos donde un creyente encontraba carne sacrificada a los ídolos, y sus consejos son diferentes para cada grupo según la ocasión. En 1 Corintios 8:1-13 (y 10:23-30), él está de acuerdo con algunos miembros elitistas de la congregación (conocidos como "los corintios sabios" o "los fuertes") que "un ídolo no es absolutamente nada" (8:4). Pablo está de acuerdo con los fuertes, en que ellos tienen la libertad de comer carne sacrificada en un templo pagano siempre y cuando lo hagan en los salones de banquetes (algo parecido a la cafetería en el edificio de una iglesia) y *no* delante de un ídolo dentro del santuario, y como parte de un culto de adoración. En este ambiente litúrgico (ver 10:1-22), Pablo es bastante claro cuando dice que ningún cristiano debe comer comida sacrificada a los ídolos en un acto de veneración pagana porque "no pueden participar de la mesa del Señor y también de la mesa de los demonios" (10:21). Hay fuerzas demoníacas y espirituales reales actuando en un culto de adoración pagana, y al creyente se le exhorta a huir de esas formas de idolatría (10:14). Pablo cita el comportamiento simple de los israelitas durante su viaje por el desierto, y reflexiona sobre esos textos del Antiguo Testamento que narran su apostasía (Éxodo 32:7; Números 11:4; 21:4-9; 25:1-9). Advierte a los corintios que se abstengan de una comunión con demonios que puede ser causa de que toda la iglesia tropiece.

Por otro lado, Pablo no tenía ningún remordimiento de conciencia personal por comer carne en los salones de esos templos paganos. Ya que allí (como en los centros cívicos modernos) también se hacían reuniones de asambleas ciudadanas, bodas, celebraciones de cumpleaños y otras ocasiones festivas de carácter social, y ya que lo que sobraba de esa carne ofrecida a los ídolos era económica, de calidad y fácilmente disponible, Pablo abandona de manera radical sus escrúpulos judíos que previamente había expresado. Pone el siguiente argumento: "Pero lo que comemos no nos acerca a Dios; no somos mejores por comer ni peores por no comer" (1 Corintios 8:8). El apóstol basa su convicción relacionada a la permisibilidad de comer lo sacrificado a los ídolos dentro del contexto no-litúrgico, sobre el *Shemá* ("Escucha, Israel...") en Deuteronomio 6:4, que declara: "El Señor es nuestro Dios, el Señor es uno". Si Dios es uno, no hay otras deidades, y los ídolos no tienen ningún valor. Pablo también argumenta a favor de la permisibilidad en base a las propias enseñanzas de Jesús en Marcos 7:15-19 que todos los alimentos habían sido declarados limpios (compárese Marcos 8:8).[3]

Pero entonces, en un nuevo movimiento interpretativo, Pablo vuelve a un conjunto de textos bíblicos completamente diferentes (Marcos 9:42-50; 10:45) y presenta la siguiente tesis: Aunque él es libre para comer en el templo comida ofrecida a los ídolos, no lo hará basado en el amor. Él restringe su libertad para comer lo que desea, para así sentirse libre y sin culpa para amar a quienes, dada su pasada asociación, y participación en la adoración de los ídolos, puedan ser tentados a volver a la idolatría pagana, si ven a otros cristianos comiendo en un templo pagano (1 Corintios 8:10-13). Si nosotros podemos imaginar a un grupo de cristianos en estos días modernos que deciden dejar de consumir alcohol—no porque ellos sientan que sea algo inherentemente disoluto, sino porque alguien en su grupo pequeño ha tenido una adicción al alcohol en tiempos pasados y, junto con esa adicción se siente atado a un sistema de valores caídos que podrían arruinar su vida si volviera al alcohol—entonces podemos empezar a entender por qué Pablo preferiría nunca comer carne para no hacer tropezar a otro (1 Corintios 8:13).

La tercera situación que Pablo enfrenta es el caso de la carne ofrecida a los ídolos y que se vende en la plaza del mercado (1 Corintios 10:25-30). Era costumbre de los sacerdotes paganos en el mundo antiguo, vender en la plaza pública el excedente de la carne sacrificada a los ídolos. Esta carne a menudo la compraba la gente, la llevaba a su casa y la comían en familia. Aquí Pablo aconseja a los corintios comer sin problemas de conciencia porque cualquier cosa producida por la tierra viene del Señor y es una parte de la creación buena de Dios (10:26; compárese Salmo 24:1; 50:12; 89:11). Él de nuevo afirma la libertad para comer todos los alimentos (compárese Marcos 7:15-19), y añade aún otra orden basada en la ética del amor. Si el anfitrión hace alusión a la fuente de la carne, indicando que proviene de los sacrificios a los ídolos en el templo (1 Corintios 10:28), entonces el creyente debe abstenerse de comerla como parte de su testimonio a los incrédulos y los otros huéspedes (10:28-29). Así como Cristo vino para servir y para dar su vida por muchos (Marcos 10:45), Pablo quiere que los corintios imiten a Cristo (1 Corintios 11:1) no buscando sus propios intereses sino los de los demás (10:33).

En el espacio de tres capítulos (1 Corintios 8-10), Pablo nos da un ejemplo de la libertad interpretativa tal como está vinculada a lo bueno del amor, a la comprensión de otros, y a la idea de sujetarnos libremente a otros. Él aplica una variedad de textos bíblicos (por ejemplo, el *Shemá* de Deuteronomio 6:4; textos sobre la bondad de la creación en los Salmos; los relatos en el Pentateuco acerca de la apostasía de Israel en el desierto; los derechos de un apóstol basados en Deuteronomio 25:4), juntamente con las enseñanzas de Jesús (por ejemplo, todos los alimentos son declarados limpios en Marcos 7:15-19; advertencias en contra de hacer tropezar en Marcos 9:42-50; el dicho sobre el rescate en (Marcos 10:45). Pablo aplica todo este material bíblico a situaciones sociales y de ritual religioso que involucra el consumo de alimentos sacrificados a los ídolos. La iglesia es libre para aplicar la Escritura en situaciones específicas según la guíe el Espíritu Santo. Como en una comunidad de fe, tienen la libertad de decidir cómo practicar un principio bíblico particular en el trabajo diario de su ministerio y comunidad. Para utilizar una metáfora usada por Jesús, "las llaves del reino de los cielos" han sido dadas a la iglesia. Así que, sea como sea su forma de atar y desatar la Escritura, la interpretación y aplicación del texto bíblico tiene autoridad sobre la vida de cada miembro en la congregación (Mateo 16:15-19; 18:15-20).[4]

Con esta libertad viene la realidad de que diferentes iglesias locales puedan no estar de acuerdo sobre la aplicación específica de un texto bíblico. El escritor de Apocalipsis, por ejemplo, no tiene la ética tan matizada sobre lo sacrificado a los ídolos como la tiene Pablo. Para Juan el vidente, cualquier consumo de carne ofrecida a los ídolos es pecado, sin importar el ambiente social o el ritual religioso en donde se encuentren los cristianos (Apocalipsis 2:14, 20). Otros cristianos, que probablemente eran judíos, en la iglesia en Roma, fueron más allá de la comida ofrecida a los ídolos, y se abstenían de cualquier clase de carne.

Este grupo practicaba una forma ascética de vegetarianismo (Romanos 14:1-5). Diferentes iglesias en contextos culturales e históricos diversos leían, escuchaban, interpretaban, y aplicaban la

Escritura, no para competir sino para dirigirse a sus propios retos específicos. Es verdad que hay enseñanzas autoritativas en la Escritura que no son negociables, y con las cuales todas las iglesias tienen que estar de acuerdo (por ejemplo, el *kerygma* o credo en 1 Corintios 15:3-7, o la realidad de la resurrección de Cristo y la nuestra en 1 Corintios 15:12-19), no obstante, las iglesias son libres para estar en desacuerdo sobre esos aspectos de la fe cristiana que no son esenciales, y gozar de la diversidad de prácticas espirituales.

La diversidad, sin embargo, no significa anarquía. Los cristianos no pueden interpretar la Escritura de manera irresponsable y caprichosa. Pablo no permitía a los malos intérpretes de las tradiciones de Jesús en Corinto, justificar la postura de comer lo sacrificado a los ídolos y poner en peligro a un compañero creyente, haciéndolo tropezar. Hay buenas y malas formas de interpretar la Escritura, como hay buenas y malas formas de aplicarla. Dios no hace concesiones al pecado, y no hace caso omiso del pecado, porque él desea extinguirlo; los cristianos, entonces, no deben intentar manipular la Escritura para justificar sus propios apetitos o vanos deseos (2 Timoteo 2:3-4). Nosotros somos libres para aplicar la Escritura a nuevas situaciones sólo porque el Espíritu nos guía a través del proceso interpretativo, y porque lo hacemos juntos como una comunidad de fe.

El acto de leer la Biblia es más que un esfuerzo humano. La lectura de la Escritura es un medio por el cual Dios produce un cambio en los lectores, transforma a sus criaturas, y comunica su gracia. Cuando preguntamos: "¿Quién debemos llegar a ser?" la respuesta, en gran medida, se encuentra en la disciplina de la lectura frecuente de las Escrituras y de leerlas juntos. Mientras reflexionamos sobre la Palabra viva y activa de Dios (Hebreos 4:12), podemos estar seguros de que el Espíritu de Dios nos liberará para interpretar la Palabra y para amarnos el uno al otro en formas inesperadas, revolucionarias y concretas.

LA LIBERTAD COMO UNA DISCIPLINA ESPIRITUAL

Así que nos preguntamos a la luz de la realidad de la libertad cristiana: ¿qué se espera de nosotros? Hay un artículo que aparece en la revista teológica de la Iglesia del Pacto, el *Covenant Quarterly*, sobre los límites y la libertad. El autor y profesor del Seminario Teológico de North Park, James Bruckner, sostiene que la dinámica de libertad-límites está en el centro de las relaciones humanas. Además, este centro es en sí mismo un eje de la bendición de Dios. Bruckner afirma, "La bendición humana alcanza su plenitud cuando se unen la libertad creativa de la humanidad y se guardan los límites establecidos".[5]

Las relaciones humanas, tal como son vividas dentro de la dinámica libertad-limites, constituyen ejes por medio de los cuales Dios extiende su bendición. Si nosotros acogiéramos plenamente esta realidad como iglesia, las posibilidades de crecer de manera más profunda juntos en Cristo serían abundantes. La bendición de Dios por medio de la libertad se manifiesta en la relación debida, no solamente con Dios sino también con nuestro prójimo. Por lo tanto, la libertad debe ser vivida y practicada de tal manera como si fuera un desafío. No debemos simplemente tolerar a nuestros hermanos y hermanas en Cristo. No debemos contentarnos solamente con el acuerdo de estar en desacuerdo. No debemos afirmar la frase trillada e incorrecta al decir: "¡Todo es permitido en el Pacto!" El compromiso de practicar la libertad cristiana requiere lo que nosotros podríamos llamar *disciplina de la iglesia*, tanto por parte de los individuos como por parte del sacerdocio común.

El Pacto cree que la fe del individuo es personal pero no privada. Afirmamos completamente, y tal como se discutió en la afirmación sobre el nuevo nacimiento, la seguridad de que los individuos se apropian de la fe cristiana por medio de su respuesta, por fe, a la gracia extendida y ofrecida por Dios. El teólogo C. John Weborg usa el lenguaje de convocatoria y llamado para describir el proceso que acepta la justificación de uno mismo en Cristo, y la cooperación y formación continua por el Espíritu Santo.[6]

Nosotros somos convocados por Dios para comprometernos personalmente con el evangelio y para abordar las buenas noticias, que Cristo murió, resucitó y vendrá otra vez. A través de esta convocatoria somos llamados a ingresar al sacerdocio común, este llamado toma forma en la medida que los individuos disciernen sus dones. Todos tienen algo que ofrecer a través de un servicio en el ministerio de la iglesia de Cristo, como lo declara la afirmación de la iglesia como una comunidad de creyentes. Una dimensión importante de la respuesta a Dios en la fe es el discernimiento de la naturaleza del llamado de uno mismo dentro del cuerpo (y con el cuerpo). Las prácticas dentro de este discernimiento incluyen las disciplinas espirituales de la oración, la lectura de la Palabra de Dios, y la alabanza y adoración—todo lo anterior capacita a la iglesia con sabiduría para discernir el papel de cada miembro dentro del cuerpo. Vivir el llamado personal constituye el aspecto vocacional de la libertad cristiana, y libera a las personas para vivir con base en los dones y al llamado dado a cada uno y a todos en la creación.

Otro aspecto en la práctica de la libertad cristiana es la dimensión sacerdotal o eclesial. La sexta afirmación señala que la libertad no es algo que reclamamos para nosotros mismos, sino que es un regalo que se nos ha entregado y que, a su vez, ofrecemos a nuestros hermanos y hermanas. La certeza que nos mueve a ofrecer libertad el uno al otro, es una realidad fundamental compartida, de la libertad que experimentamos en Cristo. En otras palabras, la libertad en Cristo *existe* sólo cuando es compartida. Si bien nosotros hemos permanecido como denominación por más de un siglo, no se pueden negar las dificultades inherentes en ese acto de compartir. Como uno de nuestros antepasados dijo, la práctica de la libertad cristiana es quizás la última de todas las prácticas en el proceso de madurar.

Esto no es un panorama esperanzador dentro de la práctica de la libertad en nuestra vida en comunidad. No obstante, la libertad cristiana es algo que los pactistas siempre han estimado. Y como es un elemento integral de nuestra identidad como iglesia, permanecemos comprometidos con ella. Además, porque comprendemos la libertad dentro del contexto de la obra creadora y redentora de Dios, la afirmación de la realidad de la libertad en Cristo certifica nuestro entendimiento esperanzador y positivo de los seres humanos. El hecho de que los humanos son únicos en el sentido de convocatoria y llamado supone también que los humanos somos diversos. Y la diversidad nos recuerda que los seres humanos, somos finitos, nuestro conocimiento es imperfecto, y nosotros mismos no estamos completos como individuos. Nuestros antepasados vieron estas características antropológicas como oportunidades para todo el cuerpo. Cuando estamos fielmente comprometidos, la condición de ser finitos, nuestra imperfección y la realidad de nuestro quebrantamiento, conducen a una dependencia más profunda de las promesas de Dios, a un compromiso activo con la Palabra, y a un sentido más fuerte de interdependencia y mutualidad—por lo cual corrige y profundiza nuestra fe común. La diversidad en la iglesia puede y debe reflejar la realidad de nuestra fe comunitaria. En vez de lamentar aquellas cosas que podrían considerarse como defectos humanos, el Pacto siempre ha entendido nuestra diversidad en formas que se apoyaban en la vitalidad de la fe cristiana y particularmente en la vida en Cristo, como se practica en la formación espiritual y teológica del uno al otro en Cristo. Las resoluciones del Pacto tomadas a nivel denominacional son un buen ejemplo de cómo el Pacto practica su libertad. Sin embargo, el proceso por el cual nos ponemos de acuerdo sobre las resoluciones es variado. El proceso siempre involucra a la totalidad de la iglesia, ya que los delegados a la Asamblea Anual del Pacto votan sobre cualquier resolución presentada al pleno. Las resoluciones son escritas por grupos, tales como el Comité de Acción Cristiana o las iglesias locales, y la agenda siempre deja espacio para discusión y modificación. El proceso puede ser difícil, pero estamos comprometidos a la discusión en cuanto a preguntas particulares se refiere, tanto teológicas como morales.

David Nyvall afirmó las tensiones posibles como resultado del ejercicio de la libertad, seguro de que la formación teológica de las congregaciones locales es una responsabilidad comunal que requiere, a veces, de conversaciones difíciles. Mientras practicamos esa libertad en nuestras diversas expresiones teológicas, Nyvall desafió a la iglesia a no mantenerse callada o pasiva en cuanto a nuestras diferencias, sino a ocuparse de ellas. Una parte de la libertad es hablar y reflexionar sobre los asuntos que causan conflicto en la iglesia. El reporte "Autoridad bíblica y libertad cristiana" expresa bien esta realidad:

> Es nuestro deber abordar las áreas de tensión teológica con valor, comprensión fraternal, y devoción constante a Cristo y a las Escrituras. La neutralidad pasiva simplemente paraliza nuestra influencia y trabajo… Al buscar fielmente entender la revelación que nos ha sido dada en Cristo, logramos que la fe sea relevante en nuestro día…y encontramos un sentido profundizado de nuestra unidad en Cristo.[7]

Confiando en la afirmación de que la iglesia es una comunidad de creyentes, el reporte también se dirige a la cuestión de cómo debemos ejercer esta libertad:

> Esto quiere decir que practicamos con nuestros hermanos y hermanas la cortesía de escuchar y, además, de buscar entender sus palabras y su significado y que no juzgamos sin dar al otro la oportunidad de presentar sus argumentos. Esto también significa que debemos cuidar nuestras palabras, y que nunca usamos el desacuerdo como una oportunidad para sacar ventaja. También significa que somos libres para modificar nuestro propio punto de vista.[8]

El "cómo" debe ser la práctica de la libertad cristiana implica mutualidad, respeto, y vitalidad en nuestra vida en común. Somos *libres* en nuestras relaciones y estamos *en el proceso de ser libres* mientras nos ayudamos el uno al otro a moldearnos más cercanamente a la voluntad de Dios y a entrar en una comunión más profunda, por encima de la tolerancia y la distancia. Por esta profunda comunión, como pueblo de Dios nos esforzamos. Nos movemos hacia esa comunión, no por medio de la tolerancia del uno al otro, sino entendiéndonos en nuestra diversidad y diferencias. Esto quiere decir que no solamente nos escuchamos y nos amamos, pero que el acto de escuchar y amar toma una forma determinada, es decir, la forma del perdón y la reconciliación. Si nosotros verdaderamente nos comprometemos con la libertad como una disciplina espiritual, entonces somos libres para amar y para ser amados no solamente por Dios sino también el uno por el otro. El fruto, esencialmente, es la comunión.

CONCLUSIÓN

Así como es con otros aspectos de nuestra fe, la libertad cristiana es tanto un regalo como una disciplina. La obra salvadora de Dios pide algo de nosotros, pide que podamos recibir el amor de Cristo en maneras que formen y moldeen lo que somos como pueblo de Dios. El regalo de la libertad es un trabajo duro porque requiere que nosotros participemos en una transformación continua, en proceso a la santificación. Una forma clave cómo podemos hacer esto, es por medio de la lectura de nuestra Biblia. Como vimos en la carta de Pablo a los corintios, fue por medio del discernimiento cuidadoso de la totalidad de la Escritura que Pablo pudo ofrecer sabiduría a la comunidad. Además, al aplicar esa verdad del evangelio que declara que debemos actuar en amor para provecho del mayor número de personas, Pablo pudo despertar virtud en la vida de la congregación de Corintios. Juntas, la identidad y la disciplina constituyen lo que significa experimentar y disfrutar la libertad, o sea el cumplimiento del propósito por el cual fuimos creados, a la luz de la obra redentora de Dios. En nuestros esfuerzos personales, eclesiales y sociales, la realidad de la libertad cristiana debe moldear quiénes somos, quiénes llegamos a ser, y cómo vivimos tanto en la unidad como en la diversidad.

En contraste con esos compradores en la historia de Max Lucado, a nosotros se nos ha dado una historia que nos dice lo que es más valioso. Mientras nuestro mundo ha mezclado las etiquetas de los precios, nosotros sabemos que la libertad en Cristo no tiene precio, que no está marcada por designaciones sociales, culturales o políticas. Por el contrario, está marcada por la gracia que nos redime del pecado y nos crea para el bien. La libertad no es algo que podamos comprar o ganar. La libertad es un regalo de Dios que nos da poder para vivir en fe, esperanza y amor.

NOTAS

1. "Biblical Authority and Christian Freedom," Chicago, 1963, 3.

2. Ibídem ("allí mismo"), 9.

3. Para discusión adicional sobre cómo Pablo aplica varios textos bíblicos en su ética sobre lo sacrificado a los ídolos, vea Seyoon Kim, "Imitatio Christi (1 Corinthians 11:1): How Paul Imitates Jesus Christ in Dealing with Idol Food (1 Corinthians 8–10)," *Bulletin for Biblical Research* 13.2 (2003), 193–226. Un documento menos técnico es Richard Hays, *First*

Corinthians (Louisville: Westminster John Knox Press, 1997), 134–46; 159–81.

4. Para lectura adicional sobre el atar y el desatar en la Escritura, vea John Howard Yoder, *Body Politics* (Scottdale: Herald, 1992), 1–13.

5. James K. Bruckner, "Boundary and Freedom: Blessings in the Garden of Eden," *The Covenant Quarterly* 57, número 1 (1999): 15.

6. C. John Weborg, "Pietism: A Question of Meaning and Vocation." *The Covenant Quarterly* 41, número 3 (1983): 59-71.

7. "Biblical Authority and Christian Freedom," 12.

8. Ibídem ("allí mismo"), 13.

PARA UNA LECTURA ADICIONAL

"Biblical Authority and Christian Freedom." Evangelical Covenant Church, Chicago, 1963.

Bruckner, James K. "Boundary and Freedom: Blessings in the Garden of Eden." *The Covenant Quarterly* 57, número 1 (1999): 15-35.

Hays, Richard. *First Corinthians*. Louisville: Westminster John Knox Press, 1997.

Kim, Seyoon. "Imitatio Christi (1 Corinthians 11:1): How Paul Imitates Jesus Christ in Dealing with Idol Food (1 Corinthians 8-10)." *Bulletin for Biblical Research* 13.2 (2003): 193-226.

Luther, Martin. *Freedom of a Christian*. Minneapolis: Fortress Press, 2008.

Volf, Miroslav. *Free of Charge: Giving and Forgiving in a Culture Stripped of Grace*. Grand Rapids: Zondervan, 2005.

Weborg, C. John. "Pietism: A Question of Meaning and Vocation." *The Covenant Quarterly* (Covenant Publications) 41, número 3 (1983): 59-71.

Yoder, John Howard. *Body Politics*. Scottsdale: Herald, 1992.

PARA REFLEXIÓN Y DISCUSIÓN: CAPÍTULO SIETE, LA REALIDAD
DE LA LIBERTAD EN CRISTO

1) Según los autores de este capítulo, la verdadera libertad consiste en aprender de *Aquel* que nos creó: quiénes somos, y qué
   necesitamos para florecer. ¿Cómo se compara esta declaración
   con los conceptos comunes del término "libertad"?

2) ¿Piensa usted que es posible estar no sometido a nadie por
   medio de Cristo, y también estar sujeto a todos? ¿Ha visto
   usted una representación de esta realidad dentro de la iglesia?

3) ¿Cómo se puede representar la lectura de la Biblia, dentro del
   contexto de la libertad cristiana, de manera que se vea como
   liberadora y constructiva? ¿Cómo podría esta misma representación ser limitadora o destructiva?

4) Según lo que el cristiano entiende como libertad, ¿de qué hemos sido librados? ¿Para qué hemos sido librados? ¿Dentro
   de nuestra iglesia se fomentan las verdades de la libertad cristiana, y se enseña cómo vivir con la tensión y la promesa de la
   libertad en Cristo como comunidad?

5) La sexta afirmación, está puesta a propósito al final de las
   otras cinco afirmaciones, y está fundamentada en las realidades ya exploradas en las afirmaciones anteriores. Reflexione
   cómo cada una de las cinco afirmaciones ayudan a moldear
   e interactuar con esta última afirmación—la realidad de la libertad en Cristo.

Facultad del Seminario Teológico de North Park

La siguiente lista de nombres y especialidades representa la comunidad de la facultad del Seminario Teológico de North Park, y describe los muchos y variados cargos de sus miembros. Cabe también anotar que, aun cuando los principales escritores son específicamente nombrados, este libro es producto de la aportación de todos ellos. La idea de este el proyecto surgió durante varias reuniones de toda la facultad. Se hicieron varias lecturas y comentarios sobre borradores, además hubo constantes revisiones. Ofrecemos este trabajo como una emisión natural de la enseñanza que damos en las clases del seminario de orientación al Pacto, de la predicación y enseñanza que ofrecemos en iglesias locales, de retiros ofrecidos en las conferencias regionales y de reuniones de la denominación.

Philip J. Anderson, *Historia de la Iglesia* (1979-2013)

James K. Bruckner, *Antiguo Testamento* (1995- 2014)

Richard W. Carlson, *Ministerio; director del Centro de Dirección Espiritual C. John Weborg* (1978-2012)

Linda Cannell, *Decana de la vida académica; Formación cristiana* (2008-2012)

Mary Chase-Ziolek, *Ministerios de salud y enfermería; directora de la iniciativa de fe y salud, nombramiento compartido con la Escuela de Enfermería* (1999-)

Stephen J. Chester, *Nuevo Testamento* (2006-2019)

Michelle A. Clifton-Soderstrom, *Teología y ética* (2005-2023)

James Dekker, *Ministerio juvenil; Co-director del Centro para Estudios sobre Ministerios entre Jóvenes, cargo compartido con la Universidad de North Park* (2002-2013)

Paul H. DeNeui, *Estudios interculturales y misiología; director del Centro para Estudios Cristianos Mundiales* (2005-)

Robert L. Hubbard Jr., *Antiguo Testamento* (1995-2012)

Timothy L. Johnson, *Ministerio; director de educación de campo* (2005-)

Paul E. Koptak, *Comunicación e interpretación bíblica* (1993-2016)

D. Brent Laytham, *Teología y ética* (2001-2012)

Max J. Lee, *Nuevo Testamento* (2006-)

Carol M. Norén, *Homilética; directora del programa de doctorado en predicación* (1993-2016)

John E. Phelan Jr., *Estudios teológicos* (1981-1986, 1996-2017)

Soong-Chan Rah, *Iglecrecimiento y evangelismo* (2006-)

Phillis Isabella Sheppard, *Teología pastoral* (2000-2011)

Klyne R. Snodgrass, *Nuevo Testamento* (1974-2015)

Norma S. Sutton, *Bibliografía teológica* (1979-2012)

Michael Van Horn, *Teología y adoración* (2006-2009)

Mary C. Miller, *directora de la iniciativa de conexiones* (2006-2011)